学級づくり・授業づくりがうまくいく！

プロ教師だけが知っている

50の秘訣

あなたは自信を持って自分を「プロ教師」だと言えますか？
―「あの先生はプロだ」と感じさせる教師に共通する、"視点と思考"とは―

八巻寛治、中村健一、山田洋一との対談から解き明かす「プロ教師」論も収録

多賀 一郎 著

明治図書

◆　はじめに

　「学級崩壊」という言葉は，20年前には存在していなかった言葉です。それが，今や，全国の学校現場を席巻しています。
　確かに，今の教育現場は課題が多くて，教師が簡単にはやり遂げていけない状況がたくさんあります。どんなベテランのクラスでも，崩壊していく危険性を持っています。
　しかし，プロ教師としての最低限の意識と知識を持ち合わせていれば，崩壊にまで至らなくて済む場合も，たくさんあるように思えます。

　「プロ教師」という言葉を出すと，
　「自分には，ほど遠い話だ。」
　「いつかはプロ教師になるために，努力している。」
というような声が聞こえてきそうですが，プロ教師とは一流の教師のことでも，全国的に有名なカリスマ教師のことでもありません。
　教師になって，子どもたちの前に立ったときから，本当は全ての先生がプロ教師なのです。でも，実際には，プロ教師になりきれない教師がたくさんいます。

　プロ料理人を例にして考えてみましょう。三つ星レストランのシェフや老舗の料亭の板長さんはプロ料理人で，町の小さな居酒屋やスーパーの総菜屋さんで料理を作っている人は，プロ料理人ではないのでしょうか。
　そんなことはないですね。
　料理を作って多くの人に食べていただき，それでお金をもらって職業にしている点では，どちらも全てプロの料理人なのです。
　もしも，スーパーの総菜屋さんで調理をしている方が，ご自分の作った料理のことを

「私は新入りで、まだまだプロではないので、そんなに美味しいものは作れません。」
と言ったら、そのお店の料理は誰も買わなくなるでしょう。新入りであれ20年目であれ、人様に料理を提供する以上は、全てプロなのです。

教師だって、同じです。
初任者でも20年目のベテランでも、子どもたちに授業をしたり、担任したりする以上は、全てプロ意識というものを持っていなければならないということです。
「私は新任なので、うまく授業ができません。ごめんなさい。」
「まだ３年目なので学級経営は下手ですが、一生懸命やります。」
と言ったら、保護者が安心して子どもを任せようと思うでしょうか。

特に教師という仕事は、初年度から担任を任されることも多く、ベテランも若手も同じ責任と仕事を課せられる場合が多いものです。あまいアマチュア意識では、とうていやり切ることが、できません。
プロ教師としての自覚と心の持ち方を、この本を通して振り返ったり、発見したりしてほしいと思います。

僕は自分自身を低レベルだが、プロ教師だと思っています。美味しいものを安く提供する町の居酒屋の料理人だと思っています。
だから、一流のシェフを目指す人、つまり、世に言う「カリスマ教師」、一流のプロ教師を目指している先生には、僕の言葉は必要ないでしょう。

この本は、全ての先生たちにプロ教師になってもらうための本です。ここに書いてあることは、一流のプロ中のプロから見れば、常識に近いことばかりかもしれません。
でも、それに気づけないアマチュアのような教師もたくさんいるのです。

第3章では，八巻寛治さん，中村健一さん，山田洋一さんと，僕がプロ中のプロ教師だと認める三人の小学校の先生方に，無理をお願いして対談的インタビューをさせていただきました。
　普段の会話のような対談の中で，先生方の生の姿を引き出せたと思います。
　全く違うタイプの先生方の言葉には，珠玉のメッセージが詰まっていました。普通の教育書には書かれない，リラックスした言葉の中にある，実践家の生き方というようなものを感じてもらえると思っています。

　この本が，全ての教師がプロ教師になるためのきっかけになれば，幸いです。

　　　　　　　　　　　　　　　　　　　　　　　　　多賀　一郎

目　次

◆　はじめに　／3

◆　あなたにおすすめなのはこのページ！早見チャート　／10

第1章　プロ教師への第一歩
全ての教師が押さえておくべき「常識」　／11

1. プロ教師とはなにか　——　12
2. プロ教師と経験年数　——　17
3. プロは見通しを持つ　——　18
4. プロは限界を知る　——　20
5. プロは使う言葉が違う　——　23

第2章　プロ教師の"秘訣"50
「プロ」か「アマチュア」か，行く末を決めるは自分自身　／26

「原則論」を見つめ直す

1. 子どもとはなにか　——　28
2. 学校とはどんなところか　——　30
3. 学級はどうあるべきか　——　32
4. 授業とはなにか　——　34

5	教師の仕事とはなにか	36
6	子どもの成長とはなにか	38
7	言葉はなぜ大切なのか	40
8	性格とはなにか	42
9	学力とはなにか	44
10	家族とはなにか	46
11	評価とはなにか	48
12	教師と子どもはどんな関係か	50

「学級づくり」「授業づくり」を見つめ直す

13	授業づくりと学級づくりの関係	52
14	授業を楽しむ心	54
15	プレゼンテーション力	56
16	構造的な板書力	58
17	意図的なノート指導	60
18	家庭学習〔宿題〕	62
19	学校，学級のルール	64
20	時間を守る意識	66
21	食育と学校給食への認識	68
22	清掃指導	70
23	学級会の運営	72
24	学級通信，文集への配慮	74
25	道徳教育と躾の違い	76
26	学校行事への取り組み方	78
27	年間指導計画と見通し	80
28	研究授業の位置づけ	82
29	参観授業の位置づけ	84

| 30 | 保護者会への姿勢 | 86 |
| 31 | 家庭教育への関わり方 | 88 |

「子どもの成長と発達」を見つめ直す

32	子どもの見方	90
33	結果が伴わないとき	92
34	発達段階とレディネス	94
35	思春期の子ども	96
36	子どもの居場所	98
37	子どもが見せる姿	100
38	子どもへの好き嫌い	102
39	グレーゾーンの子どもたち	104
40	子どもにとっての遊びの価値	106

「教師の言葉の重み」を見つめ直す

41	子どもへのコメント	108
42	褒めること	110
43	叱ること	112
44	ユーモアと皮肉	114
45	教師の言葉の影響力	116

「教師の仕事」を見つめ直す

46	身だしなみ	118
47	休み時間の過ごし方	120
48	体調管理と休暇	122

| 49 | 研究への姿勢 —————————— | 124 |
| 50 | 職場外の仲間 —————————— | 126 |

第3章 「プロ中のプロ教師」への道
一流から聞き取る，対談的インタビュー ／128

	Vol. 1	八巻 寛治 先生 ——	130
	Vol. 2	中村 健一 先生 ——	137
	Vol. 3	山田 洋一 先生 ——	145

対談的インタビューから分かる「プロ中のプロ教師」論 —— 156

◆ **おわりに** ／158

◆ **参考文献** ／159

プロ教師になろう！

あなたにおすすめなのはこのページ！　**早見チャート**

```
Yes ■▶ / No ⇨
の矢印に従って進みましょう。
     START
自分は「プロ教師」にはまだ
ほど遠い。
```

- 毎日できる限りの時間をかけて，次の日の準備をしている。
- ➡第1章　(p.11 へ)　まずは全ての教師が押さえておくべき「常識」をマスターしよう！

- セミナーの参加や読書での学びが，いまいち実践に結びつかない。
- 子どもとは友達のような関係の教師でありたい。
- 学校で一番大切なのは，子どもの学力保障だ。
- ➡第2章 ❶〜⓬　(p.28 へ)　「原則論」を見つめ直して，広く深い視野を持とう！

- 授業参観では普段通りの姿を保護者に見てもらいたい。
- ふとしたはずみで子どもが傷つくことを言ってしまうことがある。
- 子どもに教えたいことがたくさんあって授業が時間内に終わらない。
- ➡第2章 ⓭〜㉛　(p.52 へ)　「授業づくり」「学級づくり」を見つめ直して，毎日の実践に磨きをかけよう！

- 「自分が楽しむこと」が，教師として一番大切だ。
- 「やればできる」と子どもに努力の大切さを説くのが好き。
- 思春期の子どもとの付き合い方が分からない。
- ➡第2章 ㉜〜㊵　(p.90 へ)　「子どもの成長と発達」を見つめ直して，子ども理解をさらに深めよう！

- 休まないで頑張りぬくのがプロとしての最低限のつとめだ。
- 悩んだ時に相談できる仲間が，同じ学校の同僚にいない。
- 子どものいいところに気が付いたらすぐに褒めている。
- ➡第2章 ㊶〜㊺　(p.108 へ)　「教師の言葉の重み」を見つめ直して，子どもが輝く言葉がけをしよう！

- ➡第3章　(p.128 へ)　「プロ中のプロ教師」の対談的インタビューから，プロ教師の信念と情熱を学ぼう！
- ➡第2章 ㊻〜㊿　(p.118 へ)　「教師の仕事」を見つめ直して，自分の人生とまっすぐに向き合おう！

第1章
プロ教師への第一歩
全ての教師が押さえておくべき「常識」

プロには，アマチュアには見えないものが，見える。

プロには，アマチュアにはできないことが，できる。

1. プロ教師とはなにか
2. プロ教師と経験年数
3. プロは見通しを持つ
4. プロは限界を知る
5. プロは使う言葉が違う

1 プロ教師とはなにか

「なんでそんなに漢字のことばっかりしているのかな?」
「私には,これしかできないですから。」
「それは,子どもにとって,ありがた迷惑じゃないのかな。」

◆ 時間をかければいいってものじゃない

　まず,アマチュアみたいな教師が多すぎると思います。
　長い時間かけて学校で何かしていたら,仕事をしているのだと勘違いしている先生たちがいます。時間をたくさんかけるかどうかは,プロ教師かどうかということとは,直接関係がありません。僕がプロ中のプロだと認める教師たちの多くは,毎日学校に遅くまで残っていることは少ないのです。

　仕事の時間数は,プロとは関係ありません。新鮮な魚を5時間かけて調理したって,美味しい料理はできません。時間をかければ良くなるというものではないのです。

　遅くなるのには,理由があります。
①だらだらと時間をかけることに慣れてしまって,早くするという感覚が無くなってしまう。
②段取りが悪くて,時間がかかってしまう。
③切りのないことをいつまでも続けてしまう。例えば,次の日の教材研究。

明日の授業のことなどは、いくら粘っても良い授業にはなりません。授業は常に「見切り発車」なのに、見切らないままに時間だけ過ぎて、くたくたになってしまうのです。

◆　不安に思われないこと

　医者が、
「私の診断と治療はまちがっていないが、その風邪は治せません。」
などと言ったら、どうしますか？
　次もこの病院に来ようと思いますか？

　プロは、お客である保護者に満足してもらわないといけないのです。
「俺は正しいが、親が分かってくれない。」
「私は表現の仕方がまずいので、誤解されやすいです。」
なんていうのは、プロの言うことではありません。
　正しいなら、分かってもらえるように説明するべきです。表現の仕方のまずさに逃げ込まずに、誤解されない表現をする必要があります。

　でも、保護者に媚びる必要はありません。
「ようこそいらっしゃいました。今日は何のご病気で？」
なんて、医者が手もみをしながら患者を迎える姿を想像してみてください。ぞっとしますよね。

　その仕事に応じた態度というものがあるのです。教師も、下手に出ることで、かえって軽く見られてしまうことがあります。自信がなくても、そんなそぶりを見せてはいけないのです。
　子どもたちだって、先生は堂々としていてくれた方がいいのです。これは、威張り散らすということとは、別次元の話です。

◆　学び続ける姿勢がないと

　医者は，新しい技術や知識を常に取り入れていかないとやっていけないそうです。医学の進歩はすさまじいものがあるからです。

　では，教師は，どうなのでしょう。
　時代とともに変わってくることというものは，あるのです。
　社会の変化に対応できないと，アナクロになります。
　「僕はスマホのことは，よく分からないんです。」
などと平気でおっしゃるベテラン教師がいますが，子どもたちの間で爆発的に増えているLINE等のSNSのトラブルについて，「分からない」で済ませて良いものでしょうか。
　それはただの勉強不足なのです。

　ファシリテーション・グラフィック，シェア，ホワイトボード・ミーティング，ディスレクシア，オーディーズ，ライン，エンカウンター，アニマシオン，QU，等々。
　カタカナの用語ばかりをあえてばらばらに並べてみましたが，これらの言葉に対する基礎知識ぐらいは持っていないと，プロとは言えません。

　アナクロそのものは否定しません。昔から普遍的な考えや技術というものはあるのです。でも，同時に新しいものへの知識と見識を持っていることが，プロ教師としての最低条件だと思います。

◆ 結果は無視できない

　僕は，究極的には，「教育は目に見えないところに対しておこなわれるもの」だと思っています。子どもの育ち，ものの考え方などは，なかなか表に見えにくいものであります。
　しかし，プロ意識というのは，目に見える目標や結果を意識するものだとも思うのです。
　テストの結果のことだけを言っているのではありませんが，結果を無視したプロなど，あるものでしょうか。

「あの先生が担任したら，子どもがこう育つ。」
「今度の先生は，子どもたちが本を読むようにしてくれるよ。」

　もっと言うと，
「あの先生が受け持つと，子どもの平均点が上がる。」
「あの先生は，子どもたちの世の中への関心度を高めてくれる。」
などと言われるようにならないと，プロとは言えないのです。
　プロは結果が問われるものなのです。

　ただ，間違ってはいけないのは，教師の仕事はあくまで，子どもが自分で育つことへの手助けだということです。「子どもが育ってこそ」なのです。プロ教師が先にあるのでは，ないのです。
　がんがんと厳しく責めたてて学習させ，それでたとえ点数が上がったとしても，そんなものはプロの仕事だとは言えません。子どもたちが学習に自分から取り組んで，成果を上げてくるようでないと，値打ちがないのです。

◆ プロは実践が全て

　料理人が，ずっと料理のレシピ本を読んでいたら，料理がうまくなるでしょうか。魚のさばき方の本を読んでいたら，手早く魚をさばくことができるでしょうか。スーパーシェフの講座を聴き回ったら，料理の腕は上がるでしょうか。
　そんなことはあり得ませんね。

　料理は，実際に作らなければ，決して上達しないのです。たくさんの魚をさばき，料理を自分で作りながらでないと，料理人の腕は上がりません。

　そのまま教師にあてはめてみましょう。
　教育書や学級経営の本を読み漁っても，セミナーにいくら参加しても，決して授業や学級づくりはうまくいきません。（と言いながら，自分が若い先生たちに向けて本を書いていることは，矛盾しているのですが…）
　「ここをどうすれば良いのだろうか」という問題意識を持ち，その上で本を読んだり講座を聴いたりして，もう一度，子どもたちとの実践に返していくこと。
　即ち，常に子どもを通して学んでいくことが大切です。

　では，「実践」とは何でしょうか？
　毎日，ただ漫然と授業をこなしているだけでは，実践しているとは言えません。教室で子どもを育てるために，授業で力をつけるために，工夫し，その失敗も成功もちゃんと受け止めて，自分の教育を改善していくこと，それが「実践」です。
　子どもたちとの実践からしか，教師は力をつけられないものなのです。

2 プロ教師と経験年数

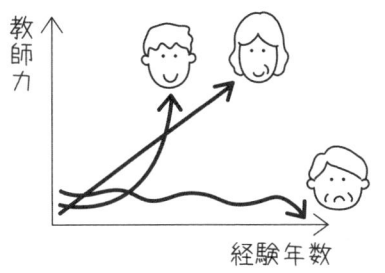

「僕は若い先生に教えるようなことは何も持っていません」とおっしゃった先輩がいたが，確かに，何も持っていらっしゃらなかった。

　大工さんの見習いが，現場に入ってきました。
　30年も大工をしてきたベテランが，彼に，
「俺はお前に教えられることは，何もないよ。」
と言ったら，どうでしょうか。みなさんなら，そんな大工さんのことを「謙譲の美徳のあるすばらしい人格者」だと思うでしょうか。
　家を建てるときは，ぜひ，その大工さんにお願いしよう！　とは…思いませんよね。

　具体的に手取り足取り教えなくても，
「俺のしていることを盗め。」
と，黙って仕事ぶりを見せつけている大工さんなら，プロですよね。

　基本的な技術を教えられるからといっても，教えられた方の先生が，教えてくださった先生よりも授業が下手かというと，必ずしもそうではありません。数年後には，教えた先生を軽く凌駕するような授業をするかもしれないのです。
　それでも，伝えられる基本技術というものは，あるのです。

年齢だけ経ている先生を，僕はプロ教師だとは認めません。経験は教師にとって大切なもので，何物にも代えがたい値打ちを持っています。しかし，何も考えずにただ年数だけを経たのでは，蓄積にはならないのです。
　プロ教師かどうかは，経験年数だけで判断できません。しかし，いつでも，自分より経験年数の少ない人たちに教えられるものを持っているということは，プロとして日々進化していることであり，それこそ，プロ教師と言えるのだと思っています。

　年数はバカにできないのです。こつこつと努力している教師が実践を積み重ねて年を経ると，ワックスを使わないで磨き上げた床みたいな渋い光沢のようなものが教育に出てきます。
　まず，言葉にそれが表れます。それは，借り物ではない言葉です。どこかの本に書いてあることをそのまま使っている言葉ではないのです。どこかでいつか目にしたかもしれない言葉だけれども，その教師の中で，子どもたちとの経験の中で培われたからこそ，重みのある言葉なのです。

3　プロは見通しを持つ

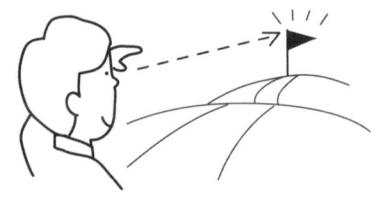

「見通し」とは，
遠くの方を見ること。
「見通し」とは，
行き着く先が分かっていること。

　「11月の高学年は鬼門」だというのが，僕の友人教師たちの間では定説です。

11月は，学級が崩壊しやすいのです。
　理由はさまざまです。
①運動会などの行事が終わり，ほっとして，子どもも教師も気が緩む。
②行事で無理をさせたことの反動が出る。
③行事を言い訳にして，掃除や学習ルールなどが少しいいかげんになってきていた。（練習で遅刻してもOK。疲れているから宿題の提出が滞っても仕方ない。等々）
④高学年独特の難しさが，表面に出てくる。つまり，思春期に入って，さまざまな問題が複雑化して，新しい課題が出てくる。
というようなことが，考えられます。

　プロは，行事の練習が後に与える影響を見越して，そのときそのときにたくさんの手立てを打っています。
　11月が来てから11月の子どもたちへの対応を考えても，「時すでに遅し」なのです。

　プロ教師はいきあたりばったりの教育をしません。毎年4月のスタートの時点で，年間を通しての山場を想定して，そこに至る過程での指導がいつも頭にあるものです。

　それから，教師は短期決戦の仕事ではありません。どんなに優れた教育をしていても，3学期から入院して休職したら，全うしたとは言えないのです。1年間をやり通してこその仕事なのです。
　プロ教師は，1年間をやり抜くための自分の身体に対する見通しも持たなければなりません。
　短期間でとことんやり抜いて撃沈するような教師は，プロ教師とは言えません。言い換えれば，ともかく1年間やり通せたら，それだけで，まずはプロとしての最低限が果たせていると，僕は考えています。

第1章　プロ教師への第一歩　19

4 プロは限界を知る

「限界を知ってからが教師ですよ。」
小川豊先生〔元奈良育英小学校長〕

◆ 教師の限界とは何か？

　教師の限界とは何でしょうか。
「個人差があるから，一概には言えない。」
　もちろん，そうです。人によって「限界」はちがっているでしょう。
「体力の限界」も「精神力の限界」も「能力の限界」も，みんな違いますからね。
　でも，一度，教師の限界というものを立ち止まって考えてみることは，毎日ひたすら走り続けている先生にとっては，意味のあることだと思います。

　僕が小川豊先生から
「限界を知ってからが，教師なんですよ。」
と言われたのが，25年前のことです。
　学級が，どうもうまくいかない。
　自分の理想とはほど遠い。
　子どもたちとの関係もおうちの方との関係も悪いとは思えない。
　にも関わらず，どうして子どもたちが無茶なことばかりを繰り返すのか，僕には分かりませんでした。（今なら，よく分かります。）

「もう，僕は限界です。」
と，ふと漏らした言葉に対するアドバイスでした。
　でも，その当時の僕には，その言葉を理解する力も，受け入れられる余裕もありませんでした。
「限界ということは，『もう，ダメ』ということであって，無理だということなんだから，それを知ってからが教師だなんて言われても，どうしようもないんだけど…。」
という思いでした。

　しかし，あれから25年以上経って思うのは，自分に限界のあることを知った僕は，「何でも，自分ががんばればなんとかなる」という思い上がりが，その頃からなくなったのかもしれないということです。
　「子どもの声を聞こう。聞いても何もできないときだってあるかもしれないけれど，一緒に悩もう，苦しもう。」
という覚悟のようなものができていったように思うのです。

　自分の限界を知るとは，自分のできないことを棚上げにすることではなく，今の自分にはどうしても無理なことと受け入れて，それでも教育をしていくことなのです。

◆　具体的な教師の限界

　まず，教師は他人の家庭に入り込んではいけないということです。
　ものすごく信頼を得られるようなスーパー教師は，たまに，DVや家庭内離婚の問題などを相談されることがあります。しかし，そんな複雑な問題を相談されないからといって，プロではないとは言えないのです。
　教師は基本的に家庭内のことには口をはさめません。だからこそ，家庭に協力をお願いして，一緒に子どもを見守る形をとるしかないのです。その協

力をたくさん得られるのが，プロ教師なのです。

　例えば，
「うちは宿題なんかしなくても良いと考えています。」
と，保護者に言われたら，どうしますか？
「なんだ，あの親は。それでも親か。」
と，怒りますか？
　何度も家に足を運んで説得しますか？
　プロならばそういうとき，
「じゃあ，学校でまず，できるだけのことをして力をつけてあげよう。」
と，考えるべきです。そして，子ども自身が宿題をしたくなるように持っていければ良いですね。
　そうしているうちに子どもが変わってきたら，保護者も少し変わることがあるのです。

　それから，人間として，子どもを理解できることには，限界があります。人は，自分の心の奥底ですら，はっきりとは分からないものです。幼い子どもだからといって，全部分かるものだと考えることそのものが，傲慢だと思います。
　分からないことだってありますが，それでもできる限り子どもを理解しようと努めるのが，プロの教師です。

　もう一つ，自分の持ち時間には限界があるのです。
　その時間は，既婚，未婚，子どもがいるかいないか，要介護の親がいるかいないか，通勤時間の長さ等の立場や環境によって大きく違います。
　自分の限られた時間をいかに精いっぱい使えるかが，大切だと思うのです。

5 プロは使う言葉が違う

「おれたちは『エンジニア』ではなくて，『アーティスト』なんだ。」

スティーブ・ジョブズ

　言葉によって，物事の値打ちは，がらりと変わります。
　ディズニーランドでは，従業員を「キャスト」と呼びます。掃除をする人は「カストーディアル」。働く場所は「ステージ」です。
　これらの言葉には，常にお客さんに見られているということを意識しましょうという考えが込められています。同時に，自分たちの仕事に誇りが生まれるのですね。
　教師と政治家と落語家は，言葉が命です。
　ここでは，僕が敬愛する最高の教師，岡田崇先生の言葉の中から，いくつかを取り出して示したいと思います。一流のプロ教師の言葉には，このような強烈なインプレッションがあるということを，知っていただくために。
　僕の解説もつけて，プロの言葉の意味を読み解きたいと思います。

　「子どもはゴミやから拾わへんのや。その代わり，鉛筆や消しゴムが落ちてたら，どんな小さいカスみたいな物でも『先生』言うて持ってくるやろ。」
　その発想には，驚きました。
　その後に続いたのは，
　「だから，子どもにゴミをゴミとして認識させることが大事なんや。それで，ゴミをどう扱ったらいいか，きちんと教えないとあかん。」
という話でした。
　我々は子どもに対して，知っているはずだという思い込みで接します。岡田先生は，そうした先入観で見ない方でした。

第1章　プロ教師への第一歩　23

「作文はな，子どもにとって排泄物みたいなもんや。書いてる最中にいっぱい吸収して，栄養になっとる。そんな排泄物を後からこねまわしていろいろ言ってもあかんと思う。」

この言葉は衝撃的でした。

大切なのは書いている過程であって，作品（結果）だけに眼を奪われてはいけないということです。

僕自身は，文集を出し続けて作文教育をしているから，排泄物とまでは思っていませんが，岡田先生がおっしゃりたかったのは，

「こまごまとした返事を書こうと思うから，子どもに作文を書かせる回数が減る。僕は，3ページ書いたら三重丸，5ページ書いたら五重丸，というふうにしてきた。これやったら，めんどうくさくないし，評価できる。」

ということでした。

僕の知っている限りでは，作文を「排泄物」とおっしゃったのは，岡田先生ただお一人です。

「子どもにも，口で話すタイプと，文でまとめるタイプがおるんとちゃうのかなあ。」

子どもを一方向で見るな，ということが，岡田先生の言葉の裏に，いつもあったような気がしています。

こんなふうに思って子どもの作文を読んでいると，書けない子どもに対しても，「まあ，いいか。この子は，口では言えるんだし」と，少し余裕を持って対することができるように思います。

「子どもの長所を鍛えることによって，短所の方が退化していくのではないか。」

いつも平均的な子どもに育てようとするのが，教師の悪い癖です。長所を「出過ぎたこと」と抑え込み，短所をなくすように努力します。

特に子どもの短所をなくすことには，教師は精力的に取り組みます。

「……しては，いけません。」
「……してたら，だめになるよ。」
　結局，子どもをディスカウントしてしまっていますよね。
　本当に辛抱して待って，長所だけを見ていたら，子どもが自分で変わってくるのではないでしょうか。

「詩とは，子どもに言葉とは何かを分からせていくためにあるもの。われわれが大人に対するときと，子どもに対するときとで，詩に対する考え方やかまえは違ってくる。」
　作品主義に陥っては，国語教育はできません。国語教育は詩などの文学作品を教えるだけのものではないのです。詩などの教材は，子どもに力をつけるためにあるものです。
　大人の視点だけで詩を読み取っていたら，教師がだらだらと教材論を述べる，子どもに力のつかない自己満足の授業になってしまいます。
　岡田先生の言葉は，詩だけではなく，文学教育全体に関することだと言えるでしょう。

「廊下を走る子はふつうの子で，廊下を走る大人は病気なんや。」
「子どもは廊下を走るのが当たり前なんやから，走らない子を褒める発想がいるんとちゃうか。」
「日本では，過去に唯一，『廊下を走れ』という指導をした学校がある。……それは，海軍兵学校や。」
　廊下を走るということに限らず，全ての学校生活において，われわれの「当たり前」と子どもの「当たり前」は違っているものです。
　なのに，廊下を走らないのが当たり前だという発想でスタートしてしまうのが，教師の哀しいところです。

第2章
プロ教師の"秘訣"50

「プロ」か「アマチュア」か，行く末を決めるは自分自身

見えないものを見ようとするんじゃないんだ。

どこを見たらいいかを考えると，見えるんだよ。

子どもは隠しているわけじゃないんだから。

- ● 「原則論」を見つめ直す
- ● 「学級づくり」「授業づくり」を見つめ直す
- ● 「子どもの成長と発達」を見つめ直す
- ● 「教師の言葉の重み」を見つめ直す
- ● 「教師の仕事」を見つめ直す

ここからは，より具体的な話に入りましょう。

この章では，教師の考え方や言葉の力について，50の秘訣をあげました。

それぞれについて，

| こんなことを言ったりしたり考えたりしていませんか？ |

ということを，僕が見聞きしたプロとは言えない教師の事例をもとに，示します。

それに対して，その場合，プロ教師なら

| こう考えたり，こうしたりするでしょうね。 |

という例を示します。

そこから，努力するべきことや基本的な考え方などへ話を進めていきます。

第2章 プロ教師の"秘訣"50　27

「原則論」を見つめ直す

教師の評価は誰がするのですか？
上司ですか？
保護者ですか？
子どもたちですか？
教師自身ですか？

1 子どもとはなにか

子どものことを下に見過ぎていませんか？

確かに子どもは，大人である教師から見れば，小さくて幼くて不安定で，あまりよく分かっていないことがたくさんある存在です。教師が子どもを教え導いてあげるのは，当たり前のことです。

しかし，力のない教師ほど，相手を「子ども扱い」したときに，威張ったり，
「うるさい。静かにしなさい。」
と言って，子どもの言葉を封じたり，怒鳴りつけたりしてしまいがちなのです。
子どもは，そういう教師の思い上がりや不誠実さを見抜いてきます。

> プロ教師は
1年生であっても，一人の人間として尊重します。

　はっきり言います。優れたプロ教師ほど子どもへの人権意識が高くて，子どもを一人の人間として尊重しています。
　しかも，子どもに媚びることは，全くありません。
　まっすぐに子どもを見つめています。

　プロというものは，威張らなくても，権力の笠を被らなくても，自然と子どもたちが権威を認めていくものなのです。

　これは子どもとの関係における「はじめの第一歩」です。
　僕はよく「子どもは小さな人間」だということを言います。これは恩師岡田崇先生に教えていただいた言葉ですが，小さな人間，小さくても一人の人間なのだという意識を持って子どもたちと接することは大切なことだと思います。

■　理解するということ

　「understand」という言葉があります。
　「under（下に）」「stand（立つ）」。
　つまり，相手よりも下の位置に立つという言葉だそうです。
　「understand」そのものの意味は，「理解する」でしたね。相手の下に立つことが，相手を理解することだというわけです。
　自分の目線を子どもよりも少し下げたくらいのところに置いてみましょう。
　そうすれば，子どもの思いを理解しやすくなるのではないでしょうか。

2 学校とはどんなところか

> 学校で一番大切なのは,子どもの学力保障だと考えていませんか？

　学校教育には,さまざまな目標と課題があります。優先順位をつけずに,全てのことを同じ比重で取り組んでいくことはできません。
　また,教師によって,大切にする教育目標は違っていてもかまわないのです。「私は学力保障を第一に考えます」ということは,おかしなことではありません。

　しかし,少し立ち止まって考えてみてください。
　学校という場所で一番大切にすることは何なのでしょうか？
　それなしでは,学力も友情も協同精神もぶっ飛んでしまうほど第一義なことがあるのです。

プロ教師は
学校は,子どもが安全,安心に暮らすところだと考えます。

　プロならば,子どもが安全,安心に暮らせるという,最低ラインの保証を一番に考えます。
　どんなに良い授業をしても,どれほどすばらしい学級経営をしようとも,子どもの生命の安全ということがなければ,何の意味もありません。子どもが安心して学校に来られないのならば,どんな立派なスローガンも,ただの絵に描いた餅に終わるでしょう。

僕は，新任の先生と一緒に遠足（校外学習）へ行くことがあったら，必ずたずねることがあります。
　「遠足や校外学習で一番大切なことは何だと思いますか？」
ということです。いろいろな答えが返ってきます。
　「学校という枠から出て，社会や自然を直接学べること。」
とか，
　「集団行動のルールやマナーを実践的に学ぶこと。」
　または，山登りなどでは
　「身体を鍛えること。」
等の言葉が返ってきます。
　僕からは，一言です。
　「安全に行って，安全に帰ってくることです。」

　子どもの事故は，いくら用心していても起こり得るものですが，教師たるもの，そうならないための事前指導や，本番での気配りを怠ってはいけません。
　子どもたちと共に安全に帰ってこられたら，ひとまず，ほっとするのですね。
　遠足での態度や環境に対する配慮（ゴミを持ち帰る等々）などの課題は，もちろんあるでしょう。しかし，まずは安全にもどってくることで，プロとして最低限の仕事は果たせると考えています。

3　学級はどうあるべきか

> 自分〔教師〕の居心地の良い場所をつくろうとしていませんか？

　ある先生の授業中，子どもたちは全く私語をしません。
　行儀よくきちんと座って，よけいなことは一切言いません。つぶやきも少なくて，全員が静かに「ぼそぼそと小さな声で話す」先生の「声」を聞いています。
　その先生はこうおっしゃいます。
　「俺のクラスでは俺の言うことに逆らうことは許さない。俺が教室を制圧している。」
　でも，そのクラスには，くったくのない子どもらしい笑顔がありません。しかも，音楽や家庭科などの専科の先生の時間は，ほとんど先生の言うことを聞きません。

　ある先生のクラスはとても楽しくて，先生と子どもたちがフレンドリーに暮らしています。先生のジョークに反応する数人の子どもたちがいて，いつも笑いにあふれています。
　でも，ノリのよい集団の中で，取り残されていく子どもたちは，少し離れたところから，見ています。
　「お前たち，暗いぞ。」
と，先生と取り巻きの子どもたちが笑います。

　ある先生のクラスには，三人のよく気の付く女の子がいました。何を頼んでも素早くてきぱきと仕上げてくれるので，その子たちにばかり仕事を頼ん

でいます。

　でも，先生の知らないうちに，スクールカースト（学級内階層）を形成する土壌が育っているのです。

> **プロ教師は**
> ## 子ども一人一人が居心地良いとはどういうことなのかを，いつも考えています。

　学級が機能しているように見えていても，実際には，一部の子どもたちだけのために成り立っているクラスがあります。それは，教師が，自分が気持ち良かったり楽だったりする方法を選択して，一人一人の思いへ目が向かない時に，そうなりがちなのです。
　簡単に言うと，自分の気持ち良さを中心に学級づくりをしていくのは，アマチュア的発想だということです。

　プロ教師は，自分が嫌な思いをしても，損することがあっても，面倒なことが増えても，全ての子どもたちにとっての教室のあり方を考えます。
　たとえば，Aさんに頼みごとをした方が，絶対に早くきっちりとしてくれることが分かっていても，Bさんにお願いするのです。
　大勢と一緒にサッカーで走り回る方が楽しくても，休み時間にぽつんと一人になっている子どもがいないか，校内を見て回るのです。

　そういうことの根底にあるのは，学級は，一人一人の子どもたちが，居心地良く暮らせる場所であるべきだという，考え方なのです。

4　授業とはなにか

> 1時間の授業にたくさんの目標を立てて臨んでいませんか？

　M先生は，いつも教材研究をしっかりとして，充実した授業を仕組んでいます。子どもたちには，たくさんの活動が用意され，いろいろな学びが提供されています。

　ある日の2年生の説明文「たんぽぽのちえ」の授業のことです。

　M先生は，たんぽぽの実物を持ってきて見せ，その詳しい姿を子どもたちに説明しました。たんぽぽの種類についても話しました。子どもたちは実物を絵に描き，本文を視写して，それから音読して段落というものを教えてもらいました。

　一見，すばらしい授業に見えましたが，半分くらいの子どもたちが課題を終えることはできませんでした。

　段落というものを初めて意識させて理解させるだけで十分なのに，僕から見れば，子どもたちへの過剰な負担にしか見えませんでした。

　教材研究をすればするほど，子どもに教えたいことがたくさん出てきます。それを全部教えようとするのは，アマチュア的な発想です。

プロ教師は

45分間では，1つか2つの目標しか立てられません。
それを全員が到達できるように考えます。

1時間の授業の目標を絞り込んで，その目標に子どもたち全員を到達させるのは，簡単なことではありません。
　一つの詩を正確に音読するだけでも，低学年の授業目標として，十分に成り立つのです。

　国語の研究授業の事後研で，ときどきこんなことをおっしゃる先生がおられます。
　「今日の授業では，子どもたちの話し合いはとても良かったけれど，書く時間がまったくなかったのが残念です。やはり，国語の授業では，『読む』―『書く』―『話す』を1時間に全部取り入れて授業してほしいです。」
　一見，正論に思えます。しかし，このときの学習目標は，「友だちの意見をよく聞いて，自分の考えを伝えることができる」だったのですから，書く必要は全くありません。（もちろん，話すためにメモをとるという学習であれば，別ですが。）
　全ての活動を常に授業に入れていく必要はないのです。

> ■　国語力の指導
> 　国語は，複合的形式教科の面があります。国語の文章の中身は，環境，社会福祉，自然災害などのテーマであって，国語そのものではないことが多いのです。そういうテーマの文章を，どのように読むかという読み方や，どう書くかという書き方を学ぶのが国語科です。したがって，1時間の授業の中では，同時にさまざまな国語力をつけるような指導がなされています。これは，1時間の授業の目標とは，別次元のことです。

5　教師の仕事とはなにか

> 子どもたちを自分一人の力で育てたい，
> だからこそ，**必死でがんばるのだ**，と考えていませんか？

　志はそうでなくてはいけません。教師たるもの，そういう心意気がなくては，お話にならないと思います。
　しかし，ときに，そういう強い思いが，独りよがりになったり，子どもたちにはありがた迷惑になったりすることもあるということを，ちょっと頭の片隅に置いてほしいのです。

　一人の人間に過ぎない教師が，たくさんの子どもたちを育てるということは，とても難しいことです。
　子どもは，どの子も，教師との一対一の関係だけで生きているのではありません。家庭，地域，これまでに関わった先生等のさまざまな要素が，子どもの成長に関わってくるものなのです。
　自分の力を過信してはいけません。
　教師が，教育の主役になっては，いけないのです。

プロ教師は
子どもが育つための手助けをするものだ，と考えます。

　子どもを育てるには，家庭もあり，地域もあり，関わるさまざまな人たちがいるということを，プロの教師は，常に頭に置いています。

特に子どもの教育に対して絶大な力を持つのは、家庭の存在です。家庭が崩れている子どもを学校で立て直すのは至難の業です。また、学校に協力していただけない家庭では、教師のしていることと家庭でのこととが、反対方向を向いてしまいます。
　プロ教師は、そこをよく理解しているので、「自分の力だけでなんとかできる」とは、思いません。
　でも、プロ教師は、決してその子の教育をあきらめることもしないのです。自分のできることを精いっぱいしながら、家庭とのチャンネルを合わせていこうと努力するのです。

　子どもに関わる多くの人たちの力をうまく活用できれば、教育が成り立っていくのだと考えます。

■ ベクトルの話

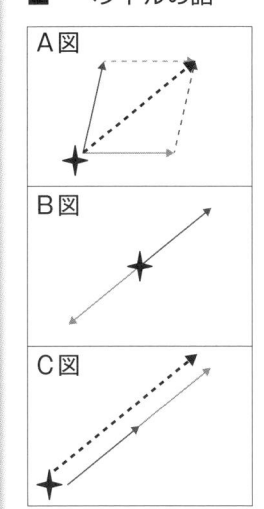

A図

B図

C図

　僕はよく、ベクトルの話を先生や保護者にします。
　まず、力とその方向性について話をします。（A図）実線の矢印は、それぞれが学校と家庭です。✦は、子どもを表します。

　次に、B図のように、学校と家庭とが全く逆の方向を向くと、子どもは全く前に進まないと話します。

　そして、C図のように、2つの力が同じ方向を向いたとき、子どもの力は、ぐんと伸びるのですよと説明します。

6　子どもの成長とはなにか

> 発達段階をあまり意識しないで，
> 子どもたちに無理強いしていませんか？

　こういう先生がいらっしゃいました。6年生の比や文章題は，代数を使った方が簡単にできるからと言って，6年生から中学校のレベルのことを教えていらっしゃいました。
　ある程度は，それでできるようになります。しかし，文章題の解き方を考えたり，比を理解したりすることは，どうなったのでしょうか。
　代数は中学で習うのですから，その前の算数の段階で，論理的な思考力をしっかりとつけるべきなのです。

　こんな先生もいらっしゃいました。3年生の社会科専科になったとき，毎日，問題集をコピーして，歴史や日本地理などを全部教えました。
　教えると言っても，プリントをさせて○つけするだけですから，子どもたちには何の意識も残っていませんでした。ほとんどの子どもが社会科の楽しさを知らず，大嫌いな教科になっていました。

　学習指導要領では，ほとんどの教科が発達段階に応じた配列に並べられています。それをふまえて，「今，その学年で必要なこと」を教えるべきなのです。
　教師が教えてみたいことを，学年を飛び越えて指導すると，なんだかとてもすごいことをしているという錯覚に陥ってしまいますが，決して子どものためになりません。その時間に教えるべきことが抜け落ちる可能性があるからです。

> プロ教師は

「レディネス」と「個人差」をいつも意識しています。そのときにはできないこともあるということを，知っています。

　学習指導要領だけではありません。子どもたちには，レディネスというものがあります。

　例えば，1年生では，まだ末梢神経がすみずみまで機能していない子どもが多いのです。だからこそ，さまざまな身体活動やリズムでその機能を高める運動遊びをするのです。

　サッカーが得意だからと，サッカーばかりしていたら，一部には良いけれども，多くの子どもたちの身体の成長発達にはプラスになりません。

　しかも，個人差というものがあって，育ち方もみな違うのですから，その学年のレディネスを考えて指導するべきだと思います。

■　レディネス

　よく使われる言葉ですが，心や身体の準備性のことです。

　ゲゼル（Gegell, A.）の双子の実験というものがあります。有名な実験ですが，要するに，同じことをさせるのに，一卵性双生児の一人に早い段階から繰り返し時間をかけて練習してやっとできたことを，日にちを経てから双子のもう一人に取り組ませたら，短期間でできるようになったというものです。一卵性双生児ですから，身体的な要素は同じで，発達の仕方も同じものだと考えられます。この実験の意味するところは，身体的な発達がないと，物事ができるようにならない。つまり，レディネスが必要だということです。

　レディネスは，身体的な意味だけでなく，精神的な意味でも使われます。

7　言葉はなぜ大切なのか

> 軽い言葉を，簡単に口にしていませんか？
> 「こんなこともできないのか」とか，
> 「何をやってもダメだな」とか…。

　子どもと親しい関係になっていった時，つい子どもに甘えて，不用意な言葉を発する先生がいます。ベテランも若手も関係なく，よく見かけます。
　子どもと教師との関係は，決して対等ではありません。教師は権力者です。その権力者から発する言葉は，時には子どもを傷つけ，人生に影響を及ぼすこともあるのです。
　「こんなこともできないのか」は，明らかに相手を蔑んだ言葉です。会社でそう言われたら，社員失格の烙印を押されたように感じるでしょう。
　子どもだって，同じです。
　「そうか，できないか。じゃあ，一緒にやってみようか。」
　「Aさん，手伝ってあげてよ。」
などと，できない子どもをフォローしてあげられる言葉はいくらでもあります。

　「何をやってもダメだな」と，笑われた子どもは，どうしたら良いのでしょうか。
　「私の悪い点を指摘してくれて，ありがたい先生だ。よし，これからは，がんばるぞ。」
とは，思わないでしょうね，きっと。
　そんなとき，教師は，
　「ダメなときだってあるさ。気にしない，気にしない。」
と，さらっと流してあげることもできるのですよ。

> **プロ教師は**
>
> ## 言葉の重みを知っていて，言葉をわきまえて使います。

　プロ教師は，大人の言葉の裏にある感情を子どもが読み取ることを，知っています。いくら教壇で立派なことを並べても，たった一つの言葉で子どもとの信頼関係が壊れることがあるのを，知っています。

　プロ教師は，子どもの表情をいつもよく観察しています。子どもは言葉だけでなく表情や身体全体で自分を表現します。その子どものちょっとした態度や仕草をとらえて，
「なんだか納得していないようだな。どう言えば良いのかなあ。」
と，考えます。
「おや，何か心に引っ掛かる言葉を言ってしまったかな。それは何だろう。あの言葉かな。」
と，振り返るときもあります。
　だから，子どもたちとの信頼関係が築きやすくなるのです。

■　言葉の繊細さはどこから

　言葉を細やかにとらえて使うことができるようにするには，どうすれば良いのでしょうか。
　人間の姿や心をさまざまな言葉を使って表現しているのは，文学です。文学の世界では，ふつうに暮らしているだけでは，なかなか体験できないような言葉の世界が存在します。言葉の使い方の繊細な人は，ほとんどが文学の世界に浸かったことのある人たちだと，僕は思っています。

8 性格とはなにか

> 性格は変えられないものだと思っていませんか？
> 「こういう性格の子どもだから仕方ない」と，
> あきらめていませんか？

　性格は変えられないという考えの学問もあります。しかし，僕は，性格だと見られていた子どものありようが，何かをきっかけにして，ごろっと変わってしまった例をいくつも見てきました。

　どんなときでも，変えられる，変わることのできる可能性を信じ続けたいものです。周りの大人が子どもの変容を信じなかったら，子どもだって自らを変える気持ちが起きないのではないでしょうか。
　変わるためには，大きなエネルギーが必要です。一人の力で変えていくことは，本当に難しいことになります。

　子どもたちは無限の可能性を持っています。学校では，子どもたちを「できる」「できない」「良い」「悪い」と決めつけないで，常に変われる可能性というものを信じてほしいものです。

　「仕方がない」というあきらめの境地になったら，そこで教育は終わります。決してあきらめないのも，プロの教師です。

> **プロ教師は**
>
> 子どもは,どんどん進化・成長していくものだと
> 信じています。

　それは,たくさんの経験に裏打ちされているからです。
　根本的な性格まで,教育の力で変えていけるのだとまでは思いません。しかし,問題だと思われた性格,例えば「言葉がきつい」だとか「わがままばかり言う」とか「すぐにかっとなる」等といった性格でも,「厳しさがある」とか「意志が強い」「感情が豊かだ」という姿へ変えていくことは可能です。

　性格を固定的,一方向的に見ないことで,子どもの可能性が広がります。
　実際,子どもたちのなかには,学級が変わったり転校したりと,環境の変化によって性格が変わるように見える子どもがいます。
　「暗い」と言われていた子どもが明るく開放的に変わったり,消極的だった子どもが生徒会長に立候補したり…。
　子どもは変わるのです。

■　性格は,何によって決まるのか

　アドラー心理学では,性格は,「ライフスタイル」ととらえます。
　アドラーは,性格は自分が決めるのだと言います。
　性格って,基本的には,ある場面でAをとるかBをとるかということで,いつもBをとる人が,あるときAをとると変えたら,そこで性格を変えたということになるのです。
　そういう意味では,性格は自分が決めるのです。

9　学力とはなにか

「学力がついた」「学力がついてない」と，
すぐに判断していませんか？

　そもそも，学力とは何だと思っていますか？
　よく使われる言葉で，これほど人によってとらえ方の違う言葉もないくらいです。若くても，ベテランでも，自分の学力観を持つべきです。それなしで，学力がついたかどうかを語ることはできないでしょう。
　漢字のテストや算数のテストで90点以上とれれば，「学力がついた」と言えるのですか。そんな単純なものではないでしょう。

　簡単に判断できないのが学力です。
　簡単に「学力がついた，つかない」ということを口にするべきではありません。

プロ教師は
学力とは曖昧な概念だと知った上で，事実を基に語ります。

　だから，プロ教師は，
　「○○の……が，□□のところまでできています。」
というように，具体的な表現を使います。いつも事実を基に語ります。
　そして，今，子どもがそのことをできていないからといって，「学力がない」と簡単に評価しません。

「学力」という言葉の話をするときに，よく「健康」という言葉が引き合いに出されます。
　「健康」それ自体には，はっきりとした実体はありません。でも，健康ではない状態というのは，いくつかあげられます。けがや病気や鬱の状態を健康だとは，誰も言いませんよね。
　体力のある，病気をしない人だったら，必ず「健康」だと言えるでしょうか。毎日怒鳴りちらしてばかりいる人や，いつも暗い顔してため息ばかりついている人は，「健康」なのでしょうか？　「心の健康」と言うように，体力面だけでは「健康」とは言いにくいですね。
　でも，健康じゃない状態は，比較的，分かりやすいですよね。
　「健康」の反対語は「病気」ですが，「病気」そのものも曖昧な概念です。肺ガンだとか胃潰瘍，猩紅熱といった病名がつけば，どういうものかはっきり分かります。

　「学力」にも似たようなところがあって，学力それ自体には，実体がないのです。でも，学力のない状態は分かります。
　テストで低い点をとれば，学力がついていないことだし，作文が一行も書けないとか，音読がすらすらできないとか，地図が読めないとかも，学力がついたとは言えない状態ですよね。
　プロは具体的に考えます。保護者にざくっと
　「お子さんは学力がついていません。」
とは言わずに，
　「筆算のときに，いつも6の段の九九でつまずいています。」
とか，
　「漢字の意味が理解できないようですね。」
というような言い方で，具体的に事実に基づいて話します。そして，どうすれば良いかという方策も示します。

10 家族とはなにか

> 自分の家族経験からしか，子どもの思いを考えられないということはありませんか？

　今の若い先生方の多くは，比較的穏やかで一般的なご家庭で育ってこられたみなさんが多いように思われます。(違う方にはとても申し訳ないのですが。)
　ですから，子どもの家庭のことがイメージしにくいのです。
　断定しているのではなくて，自分と子どもたちとの温度差のあることを意識するべきだと思うのです。

　例えば，DV のある家庭の様子を想像してみてください。
　父親の母親への暴力が始まったら，自分たちの部屋へ駆け込んで鍵をかけてじいっと凶行が収まるのを待っているという姿と，そのときの子どもの思いが想像できますか？
　しかも，そういう子どもは，学校へ来てもにこにこ笑って，ほんの少しもそういう目に合っている様子を見せないものなのです。
　また，親が教師にそういうことを伝えるのは，よほどの信頼がないとあり得ません。

　自分の育った家庭，自分の家族関係と同じようなくらしを，子どもたちがおくっているわけではありません。そのことを頭において，その温度差を縮めていくための手立てを学びましょう。

> **プロ教師は**
> 新しい家族関係に目を止めています。家族が子どもを
> つぶしていくこともあることを,知っています。

「教師一人の力だけで教育はできない。保護者との連携が不可欠だ。」
と,折に触れて僕は言います。
　しかし,矛盾しているようですが,家庭だけに任せておいたら,子どもたちの命が脅かされたり,子どもの成長の大きな障害になったりすることもあります。

　現代社会が生み出す新しい家族関係の中で,子どもたちは育っています。
　プロ教師は,そのことをいつも頭においています。子どもたちを観察するときに,食事は給食しか食べていないということがないだろうか,身体にあざなどがないだろうか,男の先生が怒鳴ると,自分が叱られていなくても異様に怖がることがないだろうか。
　そんなことを,いつも観察する視点として持っています。

■ DVについて

　DVは,担任したクラスで1組か2組はあるものだと考えておいた方がいいと思います。DVには,大きく分けて2通りのパターンがあると言われています。オオカミタイプとヘビタイプです。
　オオカミタイプは,見るからに狂暴そうで,DVしそうなタイプです。
　分かりにくいのはヘビタイプで,普段はとてもやさしくてにこにこしているような方が,家庭で急に暴力的になるというものです。このタイプの場合,特にお母さんや子どもたちは,教師どころか友人にもなかなか告白できないものなのです。

11 評価とはなにか

評価とは，最終的なものだと思っていませんか？

　評価したら，そこで指導が一段落するわけではありません。評価って，なんのためにするのでしょうか？
　評価は，子どもの今の状況をつかんで，次へのステップへつなげるためにあるものです。

　また，子どもの評価は，子どもの成果だけを示すものではありません。同時に，教師自身が評価されるものでもあるのです。
　クラスの算数の単元テストの平均点が他のクラスを大きく下回っていたら，それは教師の力量を問われることになるでしょう。

　たとえクラス全体としてはよくできていたとしても，教師は一人一人の子どもに対して，
　「もっとこの子には力をつけられたのではないだろうか。」
とか，
　「この子ならもっとできるはずなのに，何が良くなくてこういう結果になったのだろうか。」
などと振り返って，自分の指導を見直していかなければなりません。
　評価することで次のステップが見えてくるとは，そういうことを言うのです。

> **プロ教師は**
>
> ## 評価は，目標に到達するための途中経過であることを，いつも考えています。

　評価して，そこで終わりとは思っていません。評価することによって，子どものどこをどう指導していくかをはっきりさせようと考えます。評価してからの方が，悩みが増えるということです。

　個人内評価や到達度評価も視野に入れています。

　個人内評価とは，一人一人の子どもがどの程度成果をあげているのか，個人の状況と伸び率を見ていくものです。ある基準を絶対評価として，そこに足りないところを見ていくのではなく，個人としての成長を評価していくという方法です。他者との比較である相対評価とは，大きく異なる考え方なのです。

　到達度評価は，目標を細かく設定してそこに子どもたちが一つずつ到達していっているかを確かめながら進めていく方法で，指導との一体化が重要なポイントとなります。もちろん，相対評価とは異なるし，絶対評価とも，少し違った考え方です。

　プロ教師は，そういう評価があることと，その使い方を知っているものなのです。そして，地域や子どもの実態から，よりベターだと思われる方法を選択して評価に使います。

■ 評価の仕方は学校でそろえる

　本来，評価の仕方は，少なくとも学校単位でそろえるものであって，個人の教師が自由にするべきものではないでしょう。評価の仕方がまちまちだと，子どもがどのように成長してきたのか，正しくつかめなくなるからです。

12　教師と子どもはどんな関係か

> 子どもたちの仲間になろうとしていませんか？

　若い先生は，子どもとの距離が近いので，子どもたちにすっとなじんだり，子どもとの呼吸を合わせたりしやすいものです。
　子どもと仲良くしていくことは，学級をつくっていく上でも，子ども個々に対応していく上でも，とても重要なポイントになります。子どもと一緒に遊び，子どもとの時間を共有し，子どもとともに生きていくことは，教師に不可欠なことでもあると，僕は思っています。

　しかし，教師は，子どもの仲間ではありません。
　教室にいる唯一の大人であり，大人としてのリーダーシップを持たねばならないのです。
　それは，どんなに子どもと仲良くしても，どこかで子どもとの間に一線（いっせん）を引くということです。この「一線を引く」ことができるかどうかが，プロ教師とアマチュア教師との大きな違いだと言っても過言ではありません。教室のお兄ちゃんお姉ちゃんになってはならないのです。

　そのためには，教師自身がけじめをつけなければなりません。子どもはけじめをつけにくいものですからね。
　失礼なものの言い方は認めてはならないし，びしっと注意したら子どもに嫌われるようならば，教師として問題ありということになります。

> プロ教師は

「教師としてのリーダーシップ」というものがあると思っています。

　プロ教師は，教師としてのリーダーシップというものを考えています。

　教師は，本来，教室において孤独なものです。子どもたちを少し離れたところから見守っていかねばならないのですから。

　どの子に対しても公平な態度を貫くためには，子どもと教師との境界をきっちりとつくっておくことが必要なのです。

■　新しいリーダーシップ

　今，社会において，従来型のリーダーシップから，新しいリーダーシップへと変化していこうとする流れがあります。グループの調和や交流を潤滑にして，全ての構成メンバーの思いが出せるように考えるリーダーが出てきていて，成果をあげているところがあります。

　ファシリテーターもその一つですが，授業の中では大いに取り入れていって良いと思います。

　ただし，小学生の場合，ファシリテーター的なリーダーシップだけでは，子どもを制止したり躾けたりすることが難しいので，使い分けがベターではないかなと思っています。

「学級づくり」「授業づくり」を見つめ直す

どの言葉を選ぶかで教育への考え方が分かる。
「学級経営」かな？
「学級づくり」かな？
「学級共育」かな？

13 授業づくりと学級づくりの関係

授業づくりと学級づくりを別々に考えていませんか？

　授業づくりと学級づくりは一体化しているということは，どこかで聞いたことがあるでしょう。なんとなく分かったように思える言い方ですね。
　1年間に授業時間はおよそ1000時間もあります。子どもの学校生活は，授業の時間が圧倒的に多いのです。
　そこで身に付ける生活習慣や聞く姿勢，子ども同士のコミュニケーションなどが学級づくりに影響を与えるのは，当たり前のことなのです。

　また，授業がおもしろくなければ，子どもにとって1日のうちの多くの時間が退屈でつまらない時間になってしまいます。毎日5時間に及ぶ時間がつまらないなんて，本当にもったいないことですね。
　授業時間が楽しければ，毎日多くの時間を楽しい気分で過ごせるわけですから，学校は楽しくなる確率が高くなりますね。

プロ教師は
常に，授業づくりと学級づくりを一体化して考えています。

　教材研究するときにも，学級の目標や子どもの実態を頭に置いています。
　たとえば，学級の実態として，子ども同士の交流が十分でなく，口をきいたこともない同士がたくさんいるということであったとします。
　そこで，国語の読み取り学習の中に，隣同士で話し合う場をたくさんとったり，社会科の調べもの学習のときに，交流の少ない子どもたちでグループをつくらせて一緒に活動させたりして，授業の場で交流を深める工夫をします。

　また，人の話をきちんと聞く姿勢も，全ての授業を通して身に付いていきます。1000時間という長い時間の多くが友人の思いを聞き取る（受け止める）ことに使われたら，学級が育つのは当たり前でしょう。

　授業ではさまざまなルールというものが指導されます。
　机上や机の中の整理整頓をきちんとするようにさせます。これは，学級を美しく保つことにつながります。
　授業時間を守るようにさせます。これも，子どもたちが大きく崩れていかないための大切な要素ですね。
　物を配ったり受け取ったりするときに「どうぞ」や「ありがとう」の声掛けを指導します。これも学級の人間関係をスムースにさせていくことにつながります。
　このように，小さなルールをきちんと授業で守らせていくことで，学級は崩壊しにくくなるのです。
　逆に，こういうことがおろそかにされる授業では，学級が崩壊していくことにつながっていくように思います。

14 授業を楽しむ心

> 真面目に一生懸命に授業づくりをしているが,
> 楽しくないということはありませんか？

　教師が授業を楽しく感じないというときには，いくつかの理由が考えられます。
・その教科がもともと好きではなかったり，得意ではないと感じていたりする。
・教材研究をする時間がとれないので，十分に準備できず，不安が大きい。
・子どもたちと授業中にうまくコミュニケーションがとれない。また，子どもたちの発言も交通整理できずに，授業が停滞したり，予定通りに進まなかったりする。
・子どもたちの反応が鈍い。その原因は，発問にあるのか，話し方に問題があるのか，授業の組み立てが悪いのか。おそらく，その全てがあてはまる。子どもたちがざわついてしまったら，教師が楽しいはずがない。

　こうしたことは，教師としての力量を上げていって，少しずつ解消していくしかないのです。
　しかし，教師としての力がついてきたら楽しくなるかというと，そうとも限りません。まだまだ授業技術は未熟な先生でも，授業が楽しいという方を，何人も知っています。
　そういう先生方に共通しているのは，アイデアを楽しむ心があるということと，「あれをしてみたい」「これは失敗したが，今度はこうしたい」というようなチャレンジ精神を持っていることですね。
　授業は失敗の積み重ねですから，失敗してもチャレンジし続ける心を持ってほしいものです。

プロ教師は
仕事が楽しいものです。

　プロ教師は，授業づくりが楽しくて仕方ありません。試みてみたいことがたくさんあって，いつも頭の中は授業のことであふれているから，いろんなアイデアも浮かびやすいのです。

　プロ教師だって，何度も失敗します。失敗までもが楽しいということはありませんが，失敗したときをチャンスだととらえて，失敗の原因を考えて再チャレンジします。
　そういう授業のことを考えている時間が，プロ教師の充実した時間なのです。

■　授業のアイデアが浮かぶのは？
　新しく赤い乗用車を購入して街を走っていたら，赤い車がたくさん通っていることに気づきます。
　「赤い車って，こんなに多かったんだ」と，びっくりします。まるで同時にたくさんの人が赤い車を購入したような気がします。
　これは，購入することによって，脳に「赤い自動車」というものが強く印象づけられたために，これまで気にしていなかった赤い車に目が留まるようになったのです。
　人は，心に強く思っていることに注意がいくものです。いつも授業のことを考え，アンテナを広げている教師は，アイデアを見つけやすいのは，そのためなのです。いつも「これって，授業で使えるかな？」という視点を持って生活しているのですね。

15　プレゼンテーション力

> プレゼンテーション力に自信がありますか？

　プレゼンテーション力というのは，子どもたちの前で説明したり，納得させたりする力のことです。この力がないと，教師という仕事はきついものになります。

○　全校生の前で話す
　週番などで回ってきて，そういう機会が必ずあるでしょう。そんなとき，いつもきちんと話せていますか？　注意ばかりではなく，短い時間に気の利いた話をできていますか？　そのための小ネタを持っていますか？

○　教室で話す
　これができなくては，本当に教師は続けられません。ただし，なんでもしゃべれば良いというものでもありませんよね。自分が話し始めると，怒鳴ったり「静かにしなさい」なんて言ったりしなくても，子どもたちが聞き始めるようになっていますか？

○　保護者会で話す
　保護者の前というのは，特に緊張するものです。その緊張の中でも，自分の言いたいことを伝えられていますか？

　プレゼンテーション力というのは，ただ単におしゃべりが上手だということではありません。その人なりの語り方でいいのですが，相手に伝えることができているかどうかが全てです。

プロ教師は
プレゼンテーションの力が，例外なく強いです。

　プロ教師は，話し方のメリハリ，強弱，緩急，テンポ等，プロとして当然の技術を持っています。それらを才能として始めから持っている先生もいますが，多くの先生は後から努力して身に付けたものです。
　こういう技術は，練習によって，間違いなく向上していきます。

　たとえば，保護者会の時，僕は，いつも読み原稿を書いて，家で一度は練習してきました。今でも講演の度にそうしています。人前で話すのが苦手だ，という意識があるからです。
　いろんな講演でも自著でもよく語っていますが，僕は書くのは得意ですが，人前で話すことは，誰も信じてくれませんが，苦手意識が強いのです。ぼそぼそと話すタイプで，昔はよく聞き取れない話し方をしていました。今でも，油断すると，その話し方に戻ってしまい，聞いている人たちが「ん？」と聞き取れなかったサインを送ってきます。
　講演の日には，朝から「アエイウエオアオ」と，車内で発声練習をしています。努力しないと，できないからです。

　プロは，それぞれ独特の語り口調を持っています。
　理論立ててどんどん話していく先生もいれば，やわらかく穏やかに語る先生もいます。冗談を連発して子どもを惹きつける先生だっています。プレゼンテーションの仕方は，人それぞれで良いのです。
　自分らしいプレゼンの仕方を考えていきましょう。

16　構造的な板書力

> はっきり言いますが，
> 板書の字がきたないということは，ありませんか？
> 構造的に板書をとらえていますか？

　「きたない字」は言い過ぎかもしれません。しかし，今の時代は，通信も文集もワープロ打ちで作られるので，先生の字の良し悪しを見られるのは，板書しかないのかもしれません。
　板書は達筆である必要はありません。というか，あまりにも達筆だと，かえって小学生は読めないですよね。でも，教科書に近い字が，適当な大きさで書ければ良いのです。そのためには，板書を前日に書いてみるというような練習が必要です。

　字の大きさも大切な要素です。高学年なのに，１年生のときのような大きな字で板書を書く先生がいましたが，どこか妙な感じがしました。高学年になればなるほど書く量は増えていくわけですから，必然的に字は小さくなります。

　構造的に板書をとらえるというのは，板書のグラフィックデザインを整えるということです。
　これについては，目で見るのが一番分かりやすいと思いますから，北海道のファシリテーション・グラフィックのプロ教師である藤原友和さん（著書『教師が変わる！　授業が変わる！「ファシリテーション・グラフィック」入門』明治図書）の板書を示しましょう。

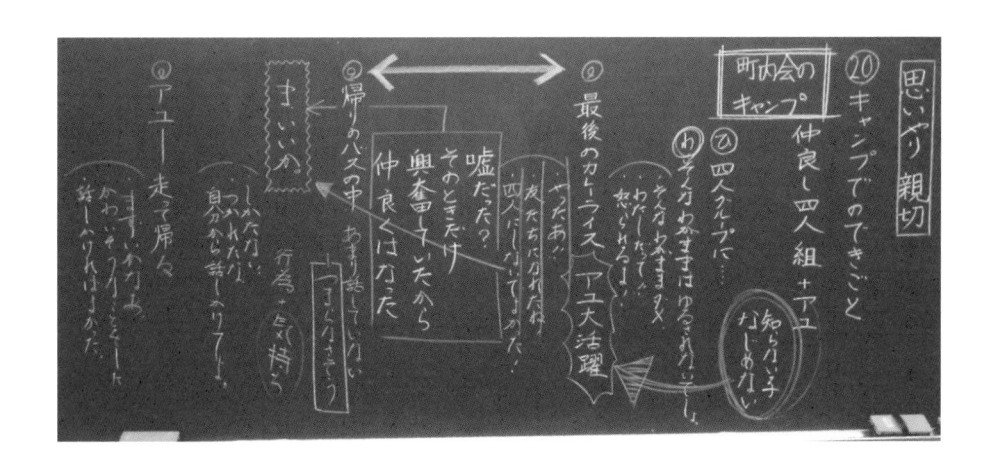

プロ教師は

字がていねいで，構造的な板書をします。

　藤原先生の板書を見れば，きれいで，構造的であることは，一目瞭然でしょう。ただ並べて書いてあるだけの板書とは，比べ物になりません。
　こういう板書は授業の流れをよく表していて，子どもがいつ見ても，「今どういう学習をしているか」が分かるのです。
　計画的な板書は，計画的な授業からしか生まれません。ただいきあたりばったりに板書をしているというのは，プロのすることではありません。
　板書も，授業前に必ず一度ノートに書いてみることです。

　そして，学校の先生方の板書を，常に見て回ってください。ぱっと見て，分かりやすいかどうかがポイントです。
　良いものを目にすることで，イメージもわいてきます。藤原さんのファシグラの本などを見て，レイアウトを学ぶことです。

17　意図的なノート指導

> いつノートに書いたら良いか，子どもにきちんと
> 指導していますか？

　子どもがいつノートを書いたら良いか分からないという授業を，時々見かけます。具体的にいつ書くのかという指示をしていないのです。ノートをとるときのルールというものも，確立していないのです。
　それでは子どもは育ちません。

　板書を写すことを考えてみましょう。そのタイミングはさまざまです。
○　随時ノートをとる
　本来は，これが最終的な目標なのです。子どもたちがそれぞれ自分の考えで必要なことをノートに書き写すことができるようになると，学習力は間違いなくアップします。
　でも，それは高学年以上で具現化していく姿であって，小学校の低学年では，そこにつながるためのノート指導が必要になります。
○　クラスのルールに従って書く
　担任によって，また，教科によってルールは変わるものです。
・先生が「書きなさい」と指示したことだけを書くルール。
・「ここだけは書かない」と先生が言ったことは書かないルール。
・白いチョークのところだけ書いて，黄色いところは書かないルール。
　いろいろあって良いと思います。大事なことは，いずれにしても徹底しないと，子どもの力にはつながらないということです。

> プロ教師は

書くことのTPOを，きちんと示しています。

　プロ教師は，どんな活動を子どもにさせるときでも，意図的です。ノートに板書を書き写すこと一つをとっても，目的をしっかり持っています。
　低学年では，将来，自分のノートづくりをするためのモデルを書き写して練習させます。ですから，ノートをとる時間とタイミングを指示して書かせるようにします。
　書くべきでない時に書いていたら「今は，書く時ではありません」と，指導します。

　先生と同じ速さで書き写すこともします。先生が板書するときに，同時にノートに書き始め，先生とほぼ同時に書き終わらせるという方法です。この場合，教師は，どの子の書くスピードに合わせるかを考えなくてはなりません。このやり方だと，「書く時」—「考える時」が，はっきりと分かれます。
　「読み終わったら，すぐに書き始めてください。」
という指示は，いつ書き始めるか，という指示です。書くべき時と書かない時とをはっきりさせて，同じペースで全員が書いたり考えたりしないと，ばらばらになって，一斉授業が機能しなくなります。

　また，教科によって，ノートのとり方は変えるべきだと思います。社会科のような，資料に自分の見つけたことや疑問を重ねていく教科は，ずっと鉛筆を持って，自分の思いや疑問を随時ノートに書き込みながら考えるという形も効果的です。

　板書の書き写しがノート指導の全てではありませんが，まずは，そこからです。

18 家庭学習〔宿題〕

> チェックが厳しい自分に酔っていませんか？

　宿題のチェックに生き甲斐を感じている先生がいます。やり直しも含めて，完璧にさせることを至上目的として，子どもたちを責め立てます。
　「○○先生は，宿題の提出には，とても厳しい。」
という評判ももらって，悦に入っています。
　しかし，チェックが厳しいから宿題をちゃんとするようになることは，果たして良いことなのでしょうか。宿題は，本人ががんばってするようになるのがベストではないでしょうか。

　「どうして宿題なんてしないといけないの？」
と子どもが問いかけてきたら，それに対する答えを持っていますか？
　プロであれば，いつでもそれに対する答えを言えなければなりません。教師がこういう意味があるから宿題をさせていると説明ができなくては，子どもたちを説得できません。

プロ教師は
自分なりの工夫ができるものを宿題にします。
自力でできる内容と量を吟味しています。

　宿題の量の妥当性は，地域，学校によって大きく違うものです。学力不振児の多い学校でたくさん宿題を出してもしてくるはずがありませんし，進学中心の私立小学校では，塾とのバランスを考えます。

プロというのは，そういう調整も考えるものです。

宿題は，家庭学習の習慣を身に付けさせるためのものです。基礎基本の力をつけるのは，学校の授業の中で行われるべきことです。学校ではさらっと学習して，覚えたり練習したりするのは宿題にしてしまったら，宿題をする習慣のない子どもの学力は，どんどん低下していくことでしょう。

基礎基本のトレーニングは，学校で時間を確保します。

宿題は，自力でできて，保護者が手をくわえなくても大丈夫なものであるべきです。自分なりの工夫をできるようなものにすると，さらに良いと思います。

■ 宿題哀歌

宿題というものは，できなくてたまってしまった子どもにとっては，悪魔のようなものです。先生には怒られますし，親にばれたら，さらに怒られます。

ですから，必死になって宿題の存在を隠します。ロッカーの奥に宿題プリントをためている子どもは，まだ，捨てることのできない善良な子どもです。宿題の存在そのものを処分してしまう子どももいるのです。

そのことがきっかけで，学校へ行きたくなくなってしまった子どもも，たくさんいます。

たまった宿題は，少しぐらいしても，とうてい追いつきません。だから，よけいにあきらめてしまって，しなくなるのです。

でも，宿題をしない子どもは，平気を装ってはいても，心の中ではいつも，先生に言われないか，みんなにバカにされないかと考えているのです。

そういうものだということは，知っておきましょう。

19　学校，学級のルール

> 禁止事項が多くありませんか？
> ルールを守ることに対して，融通をきかせていませんか？

　学校や学級のルールというものは，もともと禁止事項が多いものです。

・廊下を走らないようにしよう。
・ゴミを散らかさない。
・授業に遅れない。
・給食を残さずに食べましょう。
・園庭に立ち入らない。

　悪いことではありませんが，禁止用語というものはやさしい言葉ではありませんから，多用すると雰囲気は悪くなります。
　なんでもかんでも目についたことを禁止，禁止，とするのは，気を付けた方がいいでしょう。

　学校のルールというものがあるのですから，学級のルールぐらいは，最小限にとどめたいものです。

> プロ教師は
ルールは厳しく守らせるが，禁止事項は少なくしています。

　プロ教師は，守らなければならないことはできるだけ少なくして，そのかわり，厳しく守らせようとするのです。数が少ないのですから，当然，守る方は楽になります。

　何度も言っていることですが，プロはぶれません。ルールがある以上は，徹底して守らせます。学校教育の使命の一つが社会のルールを守る人間の育成にありますから，「ルールは守らなくてはいけない」という心を子どもの中に持たせようとします。
　だからこそ，必要以上にルールを増やさないようにしています。徹底して守らせるには量的な限度があるし，ほとんどのルールはマナー心が育てば必要ないことだからです。

■　ルールが多い学校・少ない学校

　学校のルールが少ない学校ほど，荒れが少ないと言われます。よく考えれば当たり前のことです。いちいち決めなくても，その程度のことは自分たちで適正に判断して行動できるからです。

　細かいルールを作るということは，そうしなければならない事情があるということです。

　教師の中には，ルールを作るのが大好きな人がいて，何かあるとすぐに「校則にするべきだ」といきまきます。そういう先生に限って，ルールを守ることを徹底できません。徹底しないから，いくらルールが増えてもしんどくないのですね。

20　時間を守る意識

> 時間を守ることに，少しだけあまいところがありませんか？
> 授業の開始に遅れることがあったり，
> チャイムが鳴っても授業を延長したりしている
> というようなことは，ありませんか？

　この小さなゆるみが重なって，大きな崩れにつながるということを，知っておくべきです。

　子どもに，時間を守ることをうるさく指導する先生がいました。うるさい割には，子どもの遅刻が減らないのです。
　その原因は先生自身にあります。
　先生がいつも授業に遅れるのです。チャイムが鳴ってから職員室を出るので，必ず数分遅れて教室に入ります。子どもたちもそのペースに合わせていますから，チャイムが鳴ってから行動します。実際は1分ほどほぼ全員が遅れているのですが，先生には子どもたちが遅れてきている感じはありません。
　こういう教師の下では，時間を守る子どもが育つはずがありませんね。

　子どもたちはよく遅れた言い訳をします。
　「Aさんが気分悪いというので，保健室へついていっていました。」
　「Bさんの片付けを手伝っていて遅れました。」
　友人に付き添うことは，親切で認めてよいことなのでしょうか。
　緊急の場合は，仕方のないこともあるでしょう。でも，こういう言い訳の多くは，一緒にだらだらと遅れてしまったことに対する言い訳なのです。
　こういうことに，毅然たる態度で臨んでいくことも，大切です。

> **プロ教師は**
>
> **いつも，教師自身が時間を守ることを心がけています。**

　先生が授業に遅れるということ，また，チャイムが鳴っても授業を延長するということは，
①子どもの貴重な時間を奪う
②チャイムが鳴っても続ける授業の効果は，マイナス
③先生への信頼度が低下する
の3点において，問題があります。

　プロ教師はそのことが分かっているので，自分が時間を崩すことを絶対に避けようとします。

　そして，万一遅れた場合は，言い訳するよりも，まず子どもたちに謝ります。

■ 崩すのは先生

　学級のルールを崩していく一番の存在は，先生です。先生だから許されると思っているのか，自分の行動を学級のルールにあてはめないで，特別扱いにします。

　掃除中に絶対しゃべらないというルールを作っておいて，子どもたちと楽しそうに談笑しているのが先生だったり，遅刻したらしばらく後ろに立っているというルールを作っておきながら，特定の子どもたちは言い訳して許されたり，というようなことを時々します。

　ルールが崩れていくということは，学級崩壊に近づいているということです。子どもと仲良しの先生のクラスが崩壊するときは，こういうパターンのときがあるものです。

21　食育と学校給食への認識

> 食育とアレルギーについて，きちんとした意識と知識を
> 持っていますか？　食育についての哲学を持っていますか？

　20年ほど前までは，アレルギーに関しては，ごく一部の子どもにだけ気を付ければ良いことでした。それも，多くが卵アレルギーか，蕎麦によるものなどでした。今と比べれば，ずっと対応しやすかったのです。
　それが今は，複雑な食物アレルギーが多くあり，対応の仕方も全て違っています。しかも，命に係わる深刻なものも，たくさん含まれているのです。
　子どもの命を預かるプロである以上，これらのこと全てに十分に気を配ることは，当然のことですね。

　また，「食育」ということが，最近強く言われ始めています。この領域は，実は詳しく知らなくても「プロではない」とは言われないことだと思います。
　少しずつ知識を増やして，自分なりの「食育」に対する考え方を確立していくようにしましょう。それで十分です。

プロ教師は
子どもの命と安全がもっとも大切なことだと認識して，
慎重に対応しています。
食育に関しても，知識が豊富です。

　2の「学校とはどんなところか」でも書きましたが，学校で一番大切なのは，子どもたちの安全です。

アレルギーの問題は，命に直結する大きな課題ですから，プロ教師は特に慎重です。慎重だというのは，セーフティネットを何重にもかけておくことです。アレルギーのある子どもの確認を常に文書（チェックリスト等）で確かめます。献立でもチェックし，本人にも確認します。
　一人の人間だけのチェックにならないように，給食室からの確認等，何重にも確認して，少しでも自信がなければ，本人がなんと言おうと，食べさせません。

　食育には，いくつかの考え方があります。

　A　食べる物そのものからの身体的な影響を考えるもの
　　　※　栄養，バランスの良い食事　等
　B　「食べる」という行為そのものの
　　　※　なぜ食べるか。何を食べるべきか。
　C　食べ物を残さずにいただくことの意義を考える
　D　「いただきます」という言葉が命をいただくという意味だと考える

　プロ教師は，それら一つ一つのことについて，正しい知識と，明確な哲学を持っています。

22 清掃指導

> 自分たちの使ったところをきれいにするのは当たり前だと，子どもたちにおしつけていませんか？

　この考え方が間違っていると言っているのではありません。自分の汚したところは，自分がきれいにするというのは，社会のマナーとして当たり前です。
　しかし，子どもたちもそう考えていると思い込むのは，大間違いです。

　だいたい，世界中の全ての国の学校で，子どもたちに掃除をさせているわけではないのですよ。子どもに清掃をさせるのは，主に仏教圏の国々です。これは，仏教の中に，清掃によって心を清めたり，深く思考したりするという思想があるからです。
　アメリカ等で教師が子どもに掃除をさせたら，清掃業者からは仕事を奪われた，保護者からはわが子に必要ない仕事を強制したと，訴えられてしまいます。
　まるで世界の常識であるがごとくに言わない方がいいと思います。

　それでも，掃除をしようというからには，掃除をすることの意味を子どもたちに説明し，納得させることが必要です。そこを怠ってはいけないと言っているのです。
　その説明が，できますか？

> プロ教師は

掃除を戦略的に考えています。
決めたことを，徹底しています。

　清掃指導には，教師の哲学が要ります。プロ教師は，みなそれぞれ子どもを納得させる哲学を持っていて，子どもたちに「なぜ掃除をしなければならないか」ということをある程度納得させます。

「掃除は『自根清浄』と言って，自分の心を磨くものだ。掃除をしてきれいになったら，すっきりするでしょ。それは自分の心が磨かれたからなんですよ。」
「みんなが真剣に仕事をしているのに，あなたは違うことをして遊んでいる。おしゃべりをしている。その間に，他の人たちが掃除をしてしまう。それは，人として問題ないですか。」
というような哲学を持ち，子どもたちに説明するのです。

　一度納得したからと言って，いつまでも子どもたちが真剣に掃除をするなどということはありません。納得させた後，その哲学で徹底していくことこそが大事なのです。プロ教師は，そこを徹底しています。

■　掃除の戦略
　掃除のさせ方も多種多様。叱るポイントも多種多様。大切なのは，それを徹底していること。ぶれたのでは，習慣化しません。信用もされません。
　掃除中は一言も話してはいけないとする学校もあります。学校で徹底していれば，成果が上がります。

23　学級会の運営

> 子どものトラブルを解決することが目的になっていませんか？
> また，決まったことを「それは学校では認められない」と，否定したことはありませんか？

　学級会の目的は何でしょうか？
　子ども同士のトラブルを学級会にかけたら，解決の方向へ向くでしょうか。個人攻撃に終わってしまわないでしょうか。クラスミーティングというような手法をとれば，子ども同士のトラブルは，全て解決できるのでしょうか。
　そんなことはありませんよね。
　学級会では，子どもたちで考え抜くことのできること，自分たちで責任の負えることを議題とするべきなのです。

　たとえば，掃除をまじめにしない子どものことをどうするか話し合わせたら，さぼった子どもに「バケツを持って立たせておく」等の体罰が出てくるかもしれません。そうなったら，どうしますか。
　子どもたちに完全に任せたら，そのくらいのことは決めますよ。でも，子どもたちの決めた通りにすることはできません。法律違反ですからね。
　それで，子どもたちの決定したことを後から撤回させると，何のために話し合いしていたか，その意義がなくなってしまいます。
　それほど極端にネガティブなことではなくても，「掃除を全員がまじめに３日間したら，１日だけ掃除なしにしてみんなで遊ぶ」ということを決めたら，どうしますか。
　僕は，そういう考え方には賛成ですが，学校の中で一つのクラスだけが掃除の時間に遊んでいるなどということが，通用するはずがありません。

こういう無理な方向へ向かいだしたら，教師は制止して，その理由を説明するべきです。結論が出る前に方向を変えさせないと，
　「せっかくみんなで話し合って決めたのに…。」
ということになってしまいます。

> **プロ教師は**
> 話し合いでは結果ではなく過程の方を重視しています。
> 始めから，話し合って決められる範囲を限定しています。
> 決まったことを，後からくつがえさないためです。

　プロ教師は題材設定の段階から，「こういう方向へ向かってはまずいぞ」ということを予想しています。ですから，話し合いの初期の段階で
　「ここまでの範囲で考えましょう。」
と，限定します。話し合いが子どもが責任をとれない方向へ向かいかけたら，方向修正していきます。

　また，学級会で最も大切なことは，話し合っている過程なのです。子どもたちに民主的な話し合いの基本を教えているのですから。
　したがって，一部の子どもたちだけが意見を述べ合って，数人の発言だけで進められていくことは避けます。
　さらに，発言の途中で口をはさまない，指名されてから発言する等，基本的なルールを守らせて，学級会が円滑に進むようにするのです。

24　学級通信，文集への配慮

> 通信・文集に，ただ子どもの作文を載せているだけで満足していませんか？

　子どもの作文を一枚文集にして配るということは，とても意義があります。載せられた子どもたちは，喜ぶでしょう。自分の書いた文章が活字になって配られることは，認められたということでもあり，記念として残しておくこともできますから，真にうれしいものです。
　さらに，多くの子どもたちに「自分も載せてほしいなあ」という意欲を持たせることにもつながるでしょう。保護者も喜ぶし，ただ作文を載せているだけでも，教育的な効果が確かにあります。
　しかし，自分の子ども以外の作品をも，どの保護者も熱心に読んでくれると思っていたら，大間違いです。できるだけ多くの子どもたちの文章をたくさん載せてやりたいという気持ちは分かりますが，ぎっしりと文字の詰まった一枚文集は読みにくく，わが子や知り合いの子どもが載っていなければほとんど読まないままになることもあるということを知っておきましょう。

　一人一人の作文に対して，コメントを載せていますか？
　前説でも，後説でもいいのですが，作品の値打ちや，作品の見方を示していますか？
　さらに，レイアウトに工夫をしていますか？　同じフォントの文字がぎっしり並んでいるような文集では，読む気持ちにさせられませんよ。

　せっかく出すのだから，教育として効果的であるべきです。そこを考えないと，プロとは言えません。

> プロ教師は

レイアウトを考えて書いています。
また，出すことに対して，意義を持っています。

　新聞の紙面が，全て同じフォントでぎっしりと詰まっていたら，読者はどう思うでしょうか？　レイアウトの工夫がされているからこそ，読んでみようという気持ちがわいてくるものです。
　一枚文集でもレイアウトを考えるのが，プロ教師です。
　まずは，タイトルを考えます。大きな見出しで，太くて本文とは違うフォントで書かれた見出しです。机の上にぽんと置かれていてもタイトルが目に入り，「おや，なんだろう？」と，読みたくなるようなタイトルです。
　さらに，前説のコメントも，字体を変えて一工夫します。そこには，その作文を取り上げた教師の意図というものを書きます。
　イラストも入れます。文章全体のレイアウトも，一段ぬきにしたり，三段ぬきにしたりと，文章の長さや載せる数，内容によって，さまざまに工夫をします。

　「出すことに対して意義を持っている」とはどういうことでしょう。
　たとえば，阪神大震災のとき，僕は，週末には，必ずお父さん関連の作文を載せるようにしていました。当時，お父さんたちは，いろんなことで普段の仕事の倍以上も働いていました。くたくたになって週末を迎えていたのです。
　そんなときには，子どもたちからの父親へのメッセージが，その疲れを癒し，明日の力へつながるのではないかと思ったのです。実際，そういう反響をいくつもいただきました。

　ただ出しているというだけでは，プロ教師の文集だとは言えないのです。

25 道徳教育と躾の違い

道徳の徳目と躾との違いを理解していますか？
教えるべきことが，教えられていますか？

　徳目と躾とを混同してしまうと，教えるべきことが教えられず，考えさせるべきことを，考えさせられません。
　躾というものは，身に付けていくべきものであって，考えさせるだけで良いものではありません。
　「靴を脱いだら，かかとをこちらに向けてそろえておく」というようなことは，「なぜそうするべきか」などと時間をかけて考えさせなくて良いのです。
　「美しくないから。」
　その一言で十分です。躾とは字の通り，「身を美しくすること」なのですから。
　それを
　「なぜそろえなければいけないのか？」
　「美しくそろっていなかったら，見た人がどんな気持ちになるのか？」
などと問いかけることは，間違ってはいないけれども，特に必要ないことだと思います。
　なぜなら，これは答えのはっきりしていることだからです。話し合いをしても，靴はそろえなくても良いとなることはありません。そこにジレンマも葛藤も生じません。

　決まりきった躾にあたることは，きちんと教えて，そのことを徹底する方に力を入れるが良いでしょうね。

> **プロ教師は**
>
> ## 教えるべきことと，考えさせるべきこととの区別を，はっきりと持っています。

　プロは，なんでも子どもに考えさせるというようなことはしません。子どもに考えさせても仕方のないことがあるのを知っているからです。

　以下に，僕の考える躾と徳目の一部を表で示します。要するに，左に書いてあることは，僕の場合，きちっと教え込むことです。

躾として，教えるべきこと	徳目として，考えさせるべきこと
・ロッカーの整理整頓	・和のこころ
・はっきりとした挨拶	・挨拶をなぜするのか？
・手洗い，うがい	・友だちを大事にするとは？
・机上の学習準備	・敬老精神
・敬語	・障碍者への考え方
・交通ルール	・震災被災者の思い
・時刻を守る	・いじめについて
・緊急時の対応の仕方	・人のために生きることの意義
・姿勢の良さ	・命の大切さ
・聞く姿勢	・アイデンティティー
・授業のルール	・人の思いを聞くとは何か？

26 学校行事への取り組み方

> そのときそのときの学校行事をこなすのに，
> 精いっぱいではありませんか？

　新卒ならば，仕方のないことです。しかし，2年目もそうだというのでは，プロ意識がないと言われても仕方ありません。
　大きな学校行事は，年間計画で年度の初めから示されています。当然，いつ頃が一番忙しいか，時間がなくなるのはいつなのかが，2年目以上の先生には分かっているはずなのです。

　行事はなんのためにあるのでしょうか。
　「日々の生活に断崖絶壁をもたらすため」というのが，僕の大学の恩師，佐守信夫先生の教えでした。

　日常の生活をこなしているだけでは，人間は成長しないのです。力を入れて一工夫しないと乗り越えられない断崖絶壁を越えることで，人はパワーアップもするし，精神的にもたくましくなるものなのです。
　行事を乗り越えるために，子どもたちは，いつも以上に考えたり，パワーを使ったりしないといけません。それが，成長につながるのです。
　したがって，教師は行事の度に，子どもたちと一緒に，どうこの行事に立ち向かってクリアしていくかを考えなければならないのです。

> **プロ教師は**
>
> 各行事の教育的意義をはっきりと認識しています。
> 子どもの実態から,行事をどう活かしていくのかを,
> 考えています。

　行事には,それぞれ別個の意義があります。学校によって違うのですが,運動会なら,身体を鍛えるとともに,子どもたちが力を合わせて一つのことをやり遂げるというようなめあてがあります。
　学年によっても,そのめあては変わります。6年生ならば,文化祭(学習発表会),運動会等の行事で仕事を役割分担します。したがって,最高学年として,責任を持って仕事するというめあてがあります。

　そして,プロ教師は,今,目の前にいるクラスの子どもたちの実態をふまえて,行事を子どもたちにとってより意義深いものにするため,積極的に活用します。
　ばらばらなクラスを,合唱を通して一つにまとめていったりすることができるのです。
　劇で手話を使うことで,国語の学習での手話を実際に活用することができるのです。

　行事は,日常とは違って,子どもたちの生活を揺さぶる力があります。それだけに,教育的意義のある行事にできるかどうかで,その後が大きくちがったものになってしまうのです。
　行事ごとにまとまり,成長するクラスと,行事ごとにレベルダウンするクラスがあるというのは,この行事の力を活かせるかどうかということによるのです。

27　年間指導計画と見通し

> そのときそのときの単元をこなすのが精いっぱいで，いわゆる自転車操業になっていませんか？

　１年目の先生には無理なことですが，新年度をスタートする前に１年間を見通すことは，大切な準備です。しかし，目の前の授業のことで精いっぱいで，全く１年間を見通せないというのでは，自分なりの教材の工夫も全部いきあたりばったりになってしまいます。

　そして何よりも，見通しがないと，全ての教材に全力を使ってしまい，教材の重要性というものに目がいかなくなるのです。

　そんな先生は，３学期の終わり近くになって，大事な単元が残っているのに時間が足りないという状態に陥ります。

　そのあげくに，重要単元を走るように流す授業をしてしまい，教科書を読んだだけだとか，先生の実験を見せて終わるとかいうようなことになってしまうのです。

　１年を見通して強弱をつけていれば，時間的な余裕も生まれます。指導書は学習指導要領ではありません。配当時間数は，教科書会社の目安であって，絶対的なものではないのです。

プロ教師は

４月の段階で，年間を見通してだいたいの計画を立てています。教材を全て同じ力で取り組むのではなく，教材に応じて強弱をつけています。

具体例でいきましょう。2010年度に立てた，僕の国語の計画表を示します。

◎…教科書通りそのまま　△…教科書以外で指導　×…別に取り立て指導

教科書	扱い	教科書	扱い
【物語】きつつきの商売	◎	【話す・聞く】分類ということ	△
【言語】漢字の音と訓	×	【物語】ちいちゃんのかげおくり	◎
【説明文】ありの行列	◎	【言語】こそあどことば	△
【言語】国語辞典を使おう	◎	【説明文】すがたをかえる大豆	◎
【詩】わたしと小鳥とすずと	◎	【書く】調べたことをまとめよう	△
【書く】おもしろいもの見つけた	△	【書く】せつめい書を作ろう	△
【言語】くわしくする言葉	△	【話す・聞く】名前をつけよう	△
【話す・聞く】道案内をしよう	◎	【言語】漢字の意味	△
【物語】三年とうげ	◎	【書く】たからものをさがしに	△
【読書】本は友だち	△	【言語】漢字と友だち	△
【詩】キリン	×	【話す・聞く・読む・書く】学習したことを生かして	×
【言語】へんとつくり	△	【物語】モチモチの木	◎

　漢字の指導は取り立てて別に行うので，×印をつけています。また，僕は，言葉の学習と作文は自分なりに工夫して作るので，△になっています。いずれにしても，指導要領の目標を変えてしまうわけではありません。

28 研究授業の位置づけ

> その1時間のために，全力集中していませんか？
> 指導案も，授業の前日までがんばって書いていませんか？

　指導案を作るというのは，教師にとって，大変な労力とプレッシャーのかかるものです。たった1時間の授業のために，何ヶ月もかけて教材研究するときもあります。へとへとになるほどがんばって，ようやく研究授業の前日に指導案を仕上げることもあります。

　その結果，適当な発問によって当日の授業を行うことになり，もちろん，いい加減な授業になってしまうのです。

　また，詩の投げ込みや道徳は別として，1時間だけで授業が成立することは，ほとんどありません。研究授業の前後数時間の単元というものがあります。ところが，研究授業の1時間だけに集中するあまり，その前後の授業の細案が適当なものになってしまうのです。

プロ教師は
一つの単元全体を大切にして，全部の授業をプロデュースしています。指導案は前日までに仕上げて，発問や板書計画をしっかりと練っています。

　プロ教師は，単元の中の1時間の授業だけに集中などしません。
　全8時間の単元であれば，8時間分の授業を細かく仕組んでいます。なぜなら，その全ての時間が子どもたちにとっての貴重な授業時間だからです。

それが，全部の授業をプロデュースするということなのです。

　プロの指導案は，全部の時間の展開まで書いてあります。指導案を読めば，本時に至るまでの学習活動が詳しく分かります。

　そして，プロ教師は，発問と板書の計画を持って授業に臨みます。
　たとえ考えぬいた発問であっても，思った通りにいかないこともあります。授業は生き物で，奥の深いものだからです。
　しかし，考えた発問だからこそ，うまくいかないときに，どこが良くなかったのかを検証することができるのです。
　失敗も成功も，全てを自分の学びにすることのできるのがプロ教師だと思っています。

■　前日は，模擬授業を

　僕は研究授業の前日には若い先生たちに声をかけて，必ず模擬授業をさせていました。子どもたちを想定しながら，実際に発問してもらうのです。
　　分かりにくい言い方だと
「分かりませーん。」
と，厳しい指摘をします。わざと聞き分けなくして，授業者に言われたとおりの活動をして，授業者を困らせます。いい加減な発問では，子どもたちがうまく活動できないことを教えるためです。そうすることで，授業者は発問を練り直すことができます。
　模擬授業を受けていた授業者以外の若手は，次の日の本番では，前日に悩んでいたところを授業者がどのように工夫してきたか，ポイントを絞って研究授業を観ることができました。
　ただし，それだけやったら研究授業はうまくいくなどと思うのは，素人考えです。授業はそんなに甘くありません。うまくいくとは限らないものです。

29 参観授業の位置づけ

> 日常の延長として，普段通りの姿を
> おうちの方に見ていただこうとしていませんか？

　甘い甘い。保護者は，普段通りなんて，全く思っていませんから。
　「参観日には特別なことはしない」と豪語している先生がいらっしゃいました。その授業が普段からかなり高いレベルの授業であれば，その言葉に説得力があります。
　しかし，そういう先生に限って，普段から大したことのない平板な授業をしているものです。そして保護者は，「参観日にこの程度なら，普段はもっとひどいわね」と思うのです。

　一方，普段は使ったこともないフラッシュカード（短冊に切った画用紙）を参観日だけ用意して，自分の発問と子どもの予想解答を書く先生がいらっしゃいました。子どもたちは，よく，
　「また参観日だけ，紙に書いて貼ってるよ。」
と，軽く見ていました。
　これもまた，プロ教師だとは言えませんよね。

　また，おうちの人を題材にした作文を書かせて，それを発表させて，悦に入っていませんか？　保護者が感動して泣いたりしたら，「うまくいった」なんて思っているのではありませんか？
　考えてみてください。自分の子どもの作文は読まれないで，他の子どもの親への思いを聞かされるんですよ。それを，楽しくて良い授業だなと，思うでしょうか。

> **プロ教師は**
>
> 保護者が参観して安心できるような授業，
> 楽しめるような授業を仕組みます。

　学級崩壊は，参観日の次の日から始まると言われます。
　参観授業を観た後，近くのファミリーレストランなどに集まって授業の批評をしたり，LINEを飛ばしたりして，授業を見に来られなかった保護者にも先生の評価が回ります。
　そこで増幅された評判を，今の保護者は子どもたちに直接語ります。
「あなたの担任の先生は，……で，だめ。」
ということを平気でおっしゃいます。
　次の日に，子どもたちが先生の授業を一生懸命に受けようとは，思わないですよね。

　プロ教師は，参観日には，魅せる授業をします。授業を観た保護者に
「学校では，きちんと教えてもらっているんだな。」
とか，
「楽しい授業で子どもたちも楽しそうだ。」
等と言っていただけるような授業を仕組みます。
　僕の友人は，年度の初めに参観日にする授業のネタを決めておきます。絶対に楽しい定番の授業を用意するのです。
　僕も，参観日にはよく，詩の投げ込み授業をしました。1時間の授業で参観者に分かりやすいものにできるからです。

30 保護者会への姿勢

> 「保護者会で話すことは，だいたいメモをして臨んでいます」
> というレベルでしょうか？

　保護者会で話す項目だけを書いて，そこにメモをちょこちょこっと書く先生がいます。はたして，メモだけで話をきちんとできるのでしょうか。
　保護者会は，教師の思いを保護者に伝える大切な場です。最大限の努力をはらって，工夫しなければなりません。

　たとえ若くても，新任の教師であっても，プロなのですから，保護者に伝えるべきことは，言わなければならないのです。
　子どもたちの実態，それについての自らの考えは，言葉にして保護者に語らなければなりません。その学年の学習のポイントとなることも，知らないでは通りません。先輩から教わりながら，話さないといけないことですね。

　しかし，若い先生の場合は，分からないことだってあります。未熟なところもあります。そこは，
　「未熟ではありますが…」
と，素直に語る方が良いでしょうね。何も分かっていないことが明らかなのに，えらそうに
　「子どもとは，本来こうあるべきです。……」
と，理論だけ並べても，保護者の心にはひびきません。

プロ教師は
保護者会をデザインすることで信頼につなげます。

　若い先生と1年生を担任した時,相担任の先生が
「私は話すのが苦手です。」
と言うので,
「だったら,話すことを全部書いて,読めばいいんだよ。」
と教えました。
　その先生はそれからずっと,保護者会で話すことを全て書いて臨んでいます。

　僕は,話すための原稿を書いて,それを家で練習してから保護者会に臨んでいました。
「今から18分間,僕の話を聞いてください。」
と言ったら,18分間ぴったりで話しました。

　プロである以上,保護者会もデザインできなければならないと思うのです。ただ先生がだらだらとつまらない当たり前のことを話し続けるという会では,信頼など得られません。

　また,最近の公立学校の保護者会では,なかなか人が集まらないようで,集めるための工夫も必要になってきています。
　保護者会に参加された方からの口コミで参加者が増えるように,楽しかったり,学びになったりするような保護者会のデザインの仕方というものも考えます。

31　家庭教育への関わり方

家庭のせいにして，批判していませんか？
「あの親は分かっていない」等と，同僚に言っていませんか？

　職員室や教員同士の宴会などでよく耳にする言葉が
「親が分かっていない。」
という言葉です。確かに，常識をわきまえない保護者もいらっしゃいます。
　しかし，子どもを大切に思わない親はいません。DVの親でも，子どもを愛しているのに暴力行為をしてしまうという場合もあるのです。
　子どもへの愛情を原点にしないと，話は始まらないのです。

　でも，そんなふうに言ってしまう気持ちはよく分かります。
「教師としてこれだけがんばっているのに，なんで親が協力してくれないんだ。」
とか，
「学校ではこれだけ良くなっているのに，ほんとに家庭でごじゃごじゃにしてしまう。」
とかいう思いになることは，あります。一生懸命にすればするほど，そういう気持ちが強くなるのは，当然のことです。
　それでも，もう一度振り返って，教師のできることは，ないのでしょうか？　自分を反省しなければならないことは，ないのでしょうか？
　子どもの全ての問題点を家庭のせいにしたら，教師の仕事はなくなってしまいます。

> **プロ教師は**
> 家庭に対して，子育ての指針を示します。
> 今の子どもたちの現状をきちんと分析して伝えます。
> 協力をお願いします。

　プロは，親の文句を言う前に，自分のできることを淡々とこなしていきます。愚痴っても子どもが変わることはないということを，知っているからです。

　子育ての指針を示して，子どもの現状を保護者に通信等できちんと伝えていきます。そうすることによって，学級の主な流れをつくっていきます。
　僕の友人は，前年度に荒れた学年を担任した時に，最初の保護者会で，
「毎週，金曜日に必ず通信を出します。」
と言って，その通り続けました。
　出す日が特定されていないと，子どもが自分にとって都合の悪いことを書いた通信を隠してしまい，保護者に見せないからです。
　学校から出されたものが，必ず保護者の手に渡っているとは限らないのです。子どもたちは，高学年になってくると，隠すぐらいのことはしますよ。

　そして，プロ教師は，自分の力だけで教育ができないことを知っているので，保護者に協力をお願いします。
　具体的に「こういうときには，このようにしてください」とお願いするのです。なぜそうするべきなのかも，きちんと説明します。それがプロなのですね。
　どうしても保護者の協力の得られない時は，教師が学校でできることを大切にしていきます。

「子どもの成長と発達」を見つめ直す

子どもだと思うから見えてこないんだ。
人間として尊重するところからしか
分からないものなんだよ。

32 子どもの見方

子どもを固定的に見ていませんか？

　子どもを固定的に見るというのは，一度「こんな子だな」と思ったら，いつまでもその見方を変えられないことです。特に，否定的な面でその子を固定して見ていたら，子どもは変容を遂げられません。固定的に見るということは，教師自身が子どもにレッテルを貼っているようなものです。
　子どもは大きく変容を遂げるとは限りません。ほんのちょっとした小さな変化を見せます。それをとらえて励まし，支えてあげることで，さらなる変容へとつながっていくものなのです。
　子どもの小さな変化を見落とさないためにも，固定的に子どもを見ることは自制したいものです。

プロ教師は
子どもは常に成長し続けるものだと，とらえています。

僕は4年間続けて一つの学年を担任したことがあります。3年目ぐらいから困ったのは，子どもたちの成長に自分がついていけないということでした。
　子どもは成長し続けます。いつまでも同じところにはいません。しかし，教師は大人で，子どもほどぐんぐん成長していかないので，子どもたちの変容が理解できなくなるのです。
　プロであれば，子どもをいつもまっすぐに見つめて，変容をとらえていくべきでしょう。

　若いころは，4月の終わりには子どもたちがどんな子どもなのかをとらえている気になっていました。いかに早く子どもをつかむかが，プロだと思っていました。
　でも，今は違います。子どもをつかむのに，あわてなくなりました。じっくりと子どもをつかんでいこうとするようになりました。

　4月頃の子どもたちは緊張していて，先生に真の姿を見せようとはしません。先生に気に入られるために，いい子を演じてみせる子どもたちだっているのです。
　また逆に，先生の本音を試すように，わざと逆らってみせる子どももいるようです。
　そういう子どもたちも，学期が進むにつれて，しだいに本性を現してきます。いい子のふりをしていた子どもたちが陰でこそこそしていることが分かったり，逆らっていた子どもが素直な姿を見せるようになっていったりするのです。

　4月の子どもたちは「そのときの姿」としてとらえ，そのあと，どういうふうに変わっていったかをじっくりと見ていくのが，今は一番良いと考えています。

33　結果が伴わないとき

> 結果が良くないとき,「子どもががんばらなかったから」と思ったことは, ありませんか？

　子どもの成長に関して, 結果の良くないこと（態度, 成績等）を子どものせいにしている間は, プロ教師にはなれません。
　大人相手であれば, 結果責任を本人に問うことはあるでしょう。しかし, 子どもは発展途上人です。
　子どもたちに対してできることは, まだまだあるはずです。その策を尽くさずして子どものせいにしているうちは, アマチュアだということです。

　はっきり言いますが, 子どものせいにしている教師は, おおむね授業がうまくありません。教科書の赤本を手にしてそのまま教えるだけだとか,「漢字しか教えられない」と言って漢字ばかり教えているとかで, 授業の工夫がまったく見られません。こういう場合は, 何十年教えていようと, 申し訳ないですが, プロ教師とは言えません。
　子どものせいにするということは, 自分の指導力不足を棚に上げることで, 自らは責任を負おうとしないことです。

　もちろん, いくら努力しても, どんなに考えて準備しても, なかなか授業はうまくいきません。授業は難しいものです。
　それでも, 努力し続ける教師が, プロ教師なのだと思います。

> プロ教師は

子どもががんばれなかったのは，なぜかを考えます。自分の責任においてもっとできることはなかったのか，反省します。

　プロ教師には，そもそも，「できないことを子どものせいにする」という発想がありません。できないときは，その原因を考えていくのです。
　「もっとできたのではないか？」「どうしたら，ここがうまくいくのだろうか？」「子どもたちに何が通じなかったのだろうか？」と，自問自答を繰り返していきます。
　考えても分からないことは，たくさんあります。それでも考え続けていくから，プロなのです。

　大リーグ，ヤンキースのイチロー選手が4000本安打を達成したときに，言いました。

　「プロの世界でやっている，どの世界でも同じだと思うんですけど，記憶に残っているのは，うまくいったことではなくて，うまくいかなかったことなんですよね。その記憶が強く残るから，ストレスを抱えるわけですよね。アマチュアで楽しく野球をやっていれば，いいことばかりが残る。でも，楽しいだけだと思うんですよね。そのストレスを抱えた中で，瞬間的な喜びが訪れる。そしてはかなく消えていく，みたいな。それが，プロの世界の醍醐味でもあると思う。（後略）」

　この言葉は，そのまま教育というプロの世界に当てはまります。プロ教師は，うまくいかないことを大事にして，悩み，考えていくのです。できたことだけを喜んでいるだけのときは，まだまだプロではないということですね。

34 発達段階とレディネス

> 何事も，本気でがんばらせれば，なんとかできるものだ，と思っていませんか？

「為せば成る。本気でぶつかれば，どんなことでもできるものだ。」
「やる気が大事。やる気さえあれば，なんとかなる。」
 こうした熱い言葉は，子どもたちのやる気に火を点け，さまざまな課題をクリアしていく力になる，ように見えます。
 しかし，そうした言葉の裏には，
「できないということは，本気じゃないということだ。」
「やる気がないから，できないのだ。」
というメッセージも含まれています。
 その子なりに精いっぱいがんばったけれども，結果的にできなかった子どもは，その子の意欲さえも否定されてしまうのです。

 十分な能力と可能性を持ちながら，本気度が足りないためにあと一歩届かない子どもになら，「本気でぶつかれば…」という言葉は効果的かもしれません。
 でも，子どもが十分にその課題をクリアできる状態にないのに，意志だけ強くすることには，意味がありません。かえって自己否定感が強まって，「やる気」を失っていくことになりかねません。

 こうした根性論だけを振り回す先生たちに，多くの子どもたちがつぶされてきたという事実があります。

> プロ教師は

根性論ではなく，理知的科学的に学びを考えています。

　子どもには，発達段階があります。その学年でクリアできる課題かどうかということが，常に吟味されなくてはなりません。

　さらに，子どもたちには，レディネス〔準備ができているということ〕があって，ちょうど良い時に学習すると，ちょっとがんばっただけでクリアできるという課題があるのです。

　プロ教師は，常にこうしたことに注意を払っています。根性で無理してがんばらせるということはしません。がんばらせる向こうには，必ず到達できるというものが見えているのです。

　それを見通しと言います。プロは，見通しのないことをしてはいけません。

　発達段階，レディネスに加えて，個性というものも，大切です。

　子どもによっては，「本気で…」の一言が効く場合もあります。完全にマイナスに働く場合もあります。

　その子の個性に応じて，見通しを持って声掛けをしなくては，プロ教師とは言えませんよ。

35 思春期の子ども

> 思春期の子どもとはどういうものかを,理解していますか？
> 子どもが思春期に入っているのではないかということを,
> 判断できていますか？

　思春期の子どもたちは,小学校低学年の時とは大きく違っています。この時期の子どもたちは,自分ではどうにもならないような「ざわついた感」を身体から感じています。それが何かは本人にもよく分からないのです。体内でさまざまなところが大人になるために変化しつつあるわけですから,なんだか落ち着かなくなるのは,当たり前です。

　親に反抗し,先生に拗ねた態度をとるのも,この時期の特徴です。まともなことを言われていると分かっていても,親や先生の話はまともには聞けないという状態なのです。ですから,真正面から正当なことを語ろうとするだけでなく,横から言葉を入れるような感覚で話していくという工夫が必要です。

　熱い思いで真っ直ぐにぶつかったら,子どもたちが心を開いてくれるという,一昔前の熱血青春ドラマのようなことは,まず,ありません。そういう熱血教師は,悪くすると,子どもたちにとって鬱陶しい存在になりかねないのです。

　5年生になった途端,その日から子どもたち全員が思春期に入るというようなことは,あり得ないですよね。4年生くらいから思春期に入っている子どももいれば,中学生になってから入る子どももいるのです。

高学年の教室には，そういう子どもたちが混在していると思った方がいいでしょう。集団の質によっても，その分布は変わります。

> **プロ教師は**
> **思春期は，とても繊細で気を付けなければならない時期だと認識しています。**

　プロ教師は，思春期の子どもへの対応の仕方を知っています。
　大人から離れようともがく時期でありながら，まだまだ未熟で甘えたいところもあるという，矛盾した時期です。子どもとの距離のとり方がとても難しいのです。
　なれなれしくしないで，子どもの反応を見ながら距離をとっていきます。子どもは，うまく距離をとってくれる先生の方が，どんどん近づいてくる先生よりも，安心できるものなのです。

　思春期を通り越してやってきた卒業生と話していたとき，彼は，
「小学校の時，どうして先生にあんなに逆らったのか，自分でも分からないんです。」
と，言いました。
　そうなんです。自分ではコントロールできないものなんです。
　ですから，プロ教師は，子どもが自分で考えるべきことは，そっとしておいて，見守ります。そして，不適切な言動については，ぴしっと厳しく「だめだ」と言います。そうしてあげないと，自分では分からないままに，良くないことを続けてしまうのですから。
　その辺りのさじ加減が「ちょうどいいかげん」なのが，プロ教師なのです。

36　子どもの居場所

> 子どもたちが，休み時間等に，どこで誰と過ごしているかを知っていますか？

　一人一人を大切にするというのは，子どもの学校での主な生活場所を知っているということです。

　子どもたちといつも運動場で走り回っている先生は，学園ドラマに出てくる熱血教師みたいで，かっこよく見えます。

　しかし，常に運動場でサッカーしていたら，校舎の裏に集まってダンスしている子どもたちの様子は分かりません。いつも一人で図書室にいる子どもの孤独な姿はつかめません。何人かの子どもたちにいじめられている子どもの様子も見えません。どの子とどの子が仲良くくらしているのか，また，その関係がずっと続いているのか，少し変わったのか，ということも分かりません。

　子どもと一緒に遊ぶことは，大切なことです。

　サッカー等を運動場でしている子どもたちは，元気者，乱暴者が多いですから，その子たちと共に遊ぶことは，学級の中で中心になる子どもをおさえるという意味でも，必要です。

　でも，そこだけに偏ってしまうと，いろいろな子どもの様子が読み取れなくなるのです。子どもというものは，どんどん成長して変わっていくものです。子ども同士の関係も変わっていきます。ちょっとしたことをきっかけにして，一人ぼっちにされてしまう子どももいるのです。

　休み時間にどう過ごしているのかということは，子どもたちにとって，とても重要なことなのです。

> **プロ教師は**
>
> 子どもの学校での居場所というものを常に考えて、探し、把握するように努めています。

　プロ教師は、常に、一人一人の子どものことを考えながら行動しています。
　クラスの子どもたちが、休み時間に誰とどう過ごしているのかを把握しています。保護者に
「うちの子は、いつも、だれと一緒にいますか？」
と、たずねられたら、
「９月の最初までは、ＡさんとＢさんの三人でブランコで遊んでいましたが、今は、Ｃさんと二人で図書室にいることが多いようです。」
というように答えられます。

　ときどき休み時間に学校を見回って、どこに自分のクラスの子どもたちがいるのかを確かめて回っています。遊んでいるメンバーもチェックしています。監視しているのではありません。観察しているのです。
　記録もとっています。そうすることで、人間関係や指向の変化が分かるのです。
　遊び相手が変わるということは、何か原因があるのかもしれません。その子のしたいことが変わってきたのかもしれません。何よりも、仲間から外されたりしていないかも、考える手立ての一つになります。

　子どもがどこで何をしているのか全然分からない先生と、どの子も、全て把握している先生と、どちらが子どもや保護者から信頼されるでしょうか。答えは、明白ですよね。

37　子どもが見せる姿

「子どもが学校で見せる姿が，その子の全部だ」
と思っていませんか？

　子どもの姿は，学級という一種独特の世界の中で見せているごく一部の姿なのです。
　子どもは状況が変われば，態度も行動も変わります。

　たとえば，こんなことがありました。学級でいつも友だちにいやなことを言ったりしたりする子どもがいました。いくら注意をしても，話をしても，なかなか直せませんでした。ともかく，人にやさしくできない子どもでした。
　ところが，その子が幼稚園との交流会では，幼い子どもたちの面倒を，実にやさしく上手にみていたのです。後でいろいろと聞いてみると，お家では，忙しいお母さんに代わって，幼い弟妹たちの面倒を一手にみてくれる子どもだったそうです。
　そういうやさしく面倒見の良い子どもが，どうして学級ではその姿を出すことができなかったのでしょうか。
　それは，学級の仲間たちや担任の教師の，その子への見方と接し方に問題があったということなのです。
　やさしさを出したくなくなる，やさしさを出すことが怖くなる，そんな気持ちにさせていたということなのです。

　一度「やさしくない」と思われた子どもが，自分の持っている本来のやさしさを表現するには，周りの環境がいるんですよ。

> プロ教師は

「子どもが学校で見せる姿は、その子の一面にすぎない」ということを知っています。

　だから、その子の本来の姿ができるだけ出てくるような学級づくりを考えます。

　四六時ちゅう問題行動をとる子どもはいません。家では落ち着いているのに学校では崩れてしまう子どもには、そうなる理由があるのです。

　そうなる一番の要素は、レッテルです。

　悪い子だというレッテルを貼られた子どもは、自分を変えようとしても周りが認めませんから、「どうせ私は…」と、努力すらしなくなっていきます。「あいつは、×××な子だ」という悪いレッテルは、その子の他の良い面も全て否定してつぶしてしまいます。

　子どもにレッテルを貼らない。貼られたレッテルははがしていく。プロ教師は、そういう学級教育を目指しています。

　人にはいろいろな面があります。そして、人は、自分を変えていけるのです。そういうメッセージを子どもたちに伝えていくのです。

　欠点を責めあうばかりのクラスでは、安心感が生まれません。安心感があると、子どもは自分のあらゆる面を自然に出してくるようになるのです。

38　子どもへの好き嫌い

自分の肌に合わない子どもには，なるべく接触しないようにしていませんか？

　ある意味，賢明です。無理をして距離を縮めようとしても，逆にうまくいかなくなるからです。
　自分に合わない子どもはいるものです。教師は神様ではありません。全ての子どもたちに合わせていくことなど，できなくても仕方がないのです。特別な問題行動をとる子どもでなくても，どうも肌に合わない子どもがいるのです。

　しかし，教室にいて，責任を持って預かっている子どもなのですから，合わないからと言って無視するわけにはいきません。どうしても関わらなくてはなりません。
　先生の気持ちというのは，ボディランゲージ等で，子どもに伝わってしまうところがあります。近づかないようにしていたら，嫌われていると子どもは感じるでしょう。

　本当に難しいところです。教師は，教室で唯一の大人なのですから，大人の対応をしなければならないのです。
　子どもを好きになる努力をすることです。好きになるコツは，子どもの良いところを見つけることです。たくさん良いところが見つかれば，肌に合わないなどということは，大したことではなくなるでしょう。

> プロ教師は

もう一歩進んで，自分に合わない子どもへの配慮ができます。合わないからこそ，他のどの子よりも力を注いでいきます。

　プロ教師は，合わないなと思った子どもほど大切にします。合わない子どもの存在は，教師としての自分の力量がためされていると考えるのです。
　自分と気の合う子どもたちに対してすることは，元々合っているのだから，うまくいくことが多いですね。しかし，合わない子どもたちにどうできるかということこそ，教師の力だと考えます。

　合わなくても，きちんと教育はできる。それこそがプロフェッショナルですよね。

　保護者に対しても，自分に対して文句を言って来られた保護者であればあるほど，
　「お宅のお子さんにこれだけの教育をしていますよ。」
と，語れる事実をつくるのです。
　事実の積み重ねは，大きな力となります。本来の教育の目的とは少し違うかもしれませんが，保護者を納得させてしまうということは，必要なことだと考えます。

39　グレーゾーンの子どもたち

> グレーゾーンと言われる子どもたちに対する知識を
> 持っていますか？　TTの先生任せになっていませんか？

　グレーゾーンという言い方の是非はともかくとして，そういう子どもたちが教室に何人かいることは，事実です。どこの学校でも，教室に二人くらいはいて，場合によっては，かなりの数の子どもたちがいます。AD/HDや自閉症スペクトラムと呼ばれる子どもたちです。
　TTを加配したり，若いうちに特別支援を1年間経験させたりと，地域や学校によって取り組みの仕方は違っていますが，年々数が増えてきて，その対応の仕方に苦慮するようになってきました。

　僕も専門的にはほとんど知識を持っていませんが，それでも，知識を増やす努力はしている方だと思います。
　専門とまではいかなくとも，どのような子どもの特性があるのか，主な対応の仕方はどうすれば良いのかを意識して，学んでいかねばならない時代なのです。

　教室にTTとして先生がついてくださっているときがあります。集団行動になじめない子どもたちにとっては，ありがたい存在なのですが，その先生に任せっきりにしている方がいらっしゃいます。
　担任の先生が分かっていないと，授業の中にその子に対する配慮がなくなります。理解ある先生とそうでない先生とでは，グレーゾーンの子どもたちの態度がまったく違うものなのですよ。任せきるのではなく，自分がクラスの「その子」のために，工夫していくことが大切です。

> プロ教師は

知識を持とうと努めます。
TTの先生とのコミュニケーションを高めます。

　グレーゾーンの子どもたちの理解は，最近，急速に研究が進んでいます。
　それでもまだまだプロ教師にも，この分野の知識が豊富な方は少ないです。これまで，ただ「学校になじめない子」だとか「ちょっと変わった子」だとかいうとらえ方だけだったのです。
　プロ教師は，分からないからこそ，学んでなんとかしていこうともがきます。

■「知らない」は意地悪になる？

　知識がないというのは，哀しいことです。僕は子どもたちによく，
「知らないのは意地悪になることがある。」
と，教えます。
「白い杖をついて歩いてくる人がぶつかってきても，目の不自由な人だと分かっていたら，こちらが申し訳ないと思うよね。でも，知らなかったら，突然ぶつかってきた人をにらんだり，『前見て歩け！』と怒鳴ってしまうかもしれない。それって，意地悪になるでしょう。
　ゆっくりとした動作しかできない人を，そういう人だと分かっていたら『早くしろ』なんて言わないけど，知らなかったら言ってしまうかもしれない。つまり，知らないことは，意地悪になることがあるってことだよ。」
と，話します。
　教師という教室で権力を持っている立場であれば，常に心しておかなければならないことです。

40 子どもにとっての遊びの価値

> 遊び時間は，余暇だと考えていませんか？

　そう思っているのは，先生だけです。
　子どもたちにとって，業間や昼休み等の「遊び時間」は，大切な大切な仕事の時間なのです。

　終業のチャイムが鳴ると，子どもたちは，とたんにそわそわし始めます。落ち着きがなくなるのです。
　そりゃあそうですよ。彼らにとって大切な仕事の時間は，もう始まってしまったのですから。
　まずは，子どもたちの意識の側に立って考えましょう。

　遊び時間の価値を認識していない先生は，チャイムが鳴っているのに，「あと少しだから」と言って，自分の予定したところまで進めようとします。子どもたちの多くの心は別のところに向いているのですから，授業内容が頭に入るはずがないのに，です。
　そうして，子どもたちにとっては，「授業が長引いて困る」先生になってしまうのですね。

プロ教師は

業間の休憩時間こそが子どもの仕事時間だから，授業は，子どもにとって，休憩時間になりかねないと思っています。

プロ教師は，授業を長引かせるということが，ほとんどありません。
　また，授業が終わったら，ばあっと教室を飛び出して遊びに行くのに，授業が始まったから，「さあ，急いで帰って勉強しなくっちゃ」と思う子どもは少ないのです。というか，本質的には，いないと思った方が良いですね。

　プロ教師は，授業の終わりと始まりの時の子どもたちの感覚をよく知っていて，それに応じて，授業時間も子どもたちの大切な時間となるように，授業を工夫していくのです。
　一番大事なことは，子どもにとっての遊び時間を保障すること。そして，その時間は，子どもたちが成長する上でとても重要な時間として，尊重していかなければならないということです。
　その上で，授業では，子どもたちが息抜きなんてできないような，手抜きしたくなくなるような工夫をしているのです。

> ■　遊びの価値
> 　僕の通う追手門学院小学校の多目的室は，教室の2倍くらいの広さがあります。6年生だけは，その部屋で業間等に遊んでもよいことになっています。
> 　最上階の6年生は，運動場まで往復するだけで5分以上かかります。だから，「ちょっと遊べる場所」として，同じフロアのその部屋を開放しているというわけなのです。子どもにとって，遊びがどれほど価値のあることかを理解しているから，このようなことができるのです。
> 　「かっちりとして礼儀に厳しい学校」ではあるけれども，子どもが生き生きとしているというのは，こうした配慮があるからなのです。

「教師の言葉の重み」を見つめ直す

教師は一言で子どもをつぶせる。
一生の宝となる言葉を
心に刻むこともできる。
そういう仕事です。

41 子どもへのコメント

> 子どもを攻撃したり，否定したりするようなコメントをしていませんか？

　多くの先生は「そんなことはありません」と反発するでしょうね。でも，実際には，子どもに否定的なコメントをしてしまうケースが多々あるように思われます。
　否定的なコメントとは，たとえば，次のようなものです。
・何度言ったら分かるんだ。
・もっとがんばれるんじゃないかな。
・君たちがやったんじゃないの？（疑いをかける）

　教師は，子どもに意識して厳しい言葉を投げかけなければならないときもありますが，知らないうちに子どもを否定するコメントを出してしまっていることもあるのだということを，知っておくべきでしょう。

> **プロ教師は**
> 常に，次の一手を示すようなコメントをします。
> また，子どもの思いを受け止めるということを頭に
> 置いていますので，否定的なコメントは避けています。

　子どもは，基本的に前を向いて歩むものです。後ろ向きになって滞るのは，本来の小学生の姿ではありません。プロ教師は，子どもたちが次の一歩を踏み出せるような，勇気づけの言葉を使います。

・もう一度，やってみようよ。見ていてあげるから。
・いいんだよ。気にしない，気にしない。
・今日は，運の悪い日だったね。明日は，きっといいことがあるよ。

　また，子どもの行為を否定することはあっても，人格の否定はしません。よく言われることですが，自分主語で子どもを叱ります。「あなたは…」「君は…」といった相手主語で始まる叱責の言葉は，子どもの人格否定につながります。教師自身を主語にして子どもを注意することで，子どもを傷つけずに，行為を責めることができるのです。

・先生が嫌だから，やめなさい。
・そんな行為を見ていたら，僕は，気分悪くなるよ。
・私なら，そんなことされたらつらいなあ。
というような使い方です。

　子どもへのコメントは，とっさに出てくるものがほとんどです。十分に用意して発せるものではありません。それだけに，普段から，そうした言葉に気を付けておくことが大切なのです。

42 褒めること

> 気づいたらすぐに褒めていませんか？
> 褒め言葉がワンパターンになっていませんか？

　子どもの良いところに気づいたらすぐに褒めるというのは，悪いことではありません。褒めてくれる先生の方が，けなしたり注意したりばかりの先生よりも良いに決まっています。
　でも，子どもを褒めるのにもTPOがあって，良いタイミングで褒めたら，褒められたことがとても効果的になるのです。

　3S〔すごい，すばらしい，すてき〕を連発していれば，子どもは変わってくるのだと，本気で信じていませんか？
　そんなことはあり得ません。
　子どもはそれほどあまい存在ではないのですから。
　褒め言葉をパターン化して考えるのは，結局子どもをちゃんと褒めていないことにつながります。
　自分自身で考えてみてください。
　自分の評価をいつも「あなたはすごい」「あなたのしていることはすばらしい」「あなたは熱心ですてきです」の連発ばかりされて，しかも，同じ言葉を他の人たちにも連発していると分かったら，その人の言葉を信じることができますか？
　褒め言葉がパターン化しないようにすることは，子どもの具体的な姿のどこを褒めるのかを探すことになります。その子にしかないことを褒めないと，子どもの心には届きません。

> **プロ教師は**

褒めることに対してTPOを持っています。
褒め言葉にもバリエーションを持っています。

　プロ教師は,「あたためる」ということをします。子どもの良いところを見つけたとき,それをその子にとって一番良いタイミングで褒めようと,チャンスをうかがいます。

　たとえば,ある子どもがぞうきんの絞り方が上手で,拭き掃除を端っこまでていねいにしているのを見つけたとき,まずはさらっと「上手だね」とその子に伝えておいて,全員の前で褒めることはしばらくしません。

　その子の拭き掃除のすばらしさをクラスに伝えるのは,クラスで掃除に対する意識が出てきたり,逆に,掃除を軽視したりしてきたとき,また,その子があまり目立たないで,他の子から軽く見られているなと思ったりしたときです。

　タイミングよく褒めれば,褒めたことが,いろんな意味で広がった効果を発揮するのです。

　なんでもすぐに褒めれば良いのではありません。

　プロ教師は,3S〔すごい,すばらしい,すてき〕を効果的に使います。そして,もっとたくさんの褒め言葉を使います。

　「なるほど」「偉いぞ」「頭が下がります」「みんなも見習ったらどうかな?」「ちょっとここまでできた子どもは見たことがない」「こんなに考えているんだね」「はい,拍手ー」「やったなあ」「先生もうれしい」…。

　いくらでもあります。これらを具体的な子どもの言動と合わせて,褒め言葉として使うのです。

43 叱ること

> 感情的になることはありませんか？
> 叱る内容が子どもによって変わっていませんか？

　今の時代，叱ることは，とても難しいことになってきました。
　昔はどんな教師でも，ともかくぴしっと叱っていたら，なんとかなっていました。
　今は，そんなことではやっていけません。子どもを叱るときには，いろいろなことを考えなければならないのです。子ども自身の受け止め具合，公平性，一貫性，叱る強さの程度などを頭において，叱らなければならないのです。

　感情的に叱るのは，論外です。子どもを叱るときには，教師は誰でも腹を立てているものです。腹の立たないことを叱る教師なんていないでしょうね。だからといって，感情をコントロールしないで叱ると，子どもに伝わらないし，不登校にもなりかねません。

　子どもたちは，教師の公平性にも敏感です。どの子にも同じように叱ることができないと，「ひいきだ」と，不満を持つでしょう。
　相手によって叱り方が変わったり，そのときどきによって叱る内容が変わったりすれば，子どもたちは，教師を信用しなくなるでしょう。

> **プロ教師は**
>
> 決してぶれません。
> そして，説得的であり，言動を叱って，個人を否定しません。

　ぶれないというのは，プロ教師であるための重要なポイントです。特に，叱るときは相手によって変えないし，同じことをしたら誰でも同じように叱る等，叱る量も質も方向性もぶれないのがプロなのです。

　ただし，叱るとパニックになる子どももいます。叱ることでかえって学級に大きなマイナスが生じる怖れのあるときは，配慮して特別に叱らないようにし，他の子どもたちにもそのことを納得させるようにします。

　また，叱り方は，感情的ではなく，理性的，説得的です。
　子どもの人格は，決して否定しないように
　「君のしたことは，見ているのがイヤになる。」
とか，
　「あなたの言葉がどういう気持ちを相手に与えたか，考えなさい。」
とかいうような言い方で，叱ります。

41「子どもへのコメント」にも書きましたが，自分主語で叱ること，つまり，教師自身を主語にして叱ると，子どもの人格攻撃になりにくいものです。

44　ユーモアと皮肉

> 子どもを揶揄したり，皮肉の軽口をたたいたりすることを，ユーモアだと思っていませんか？

　相手をからかうことを「揶揄」と言います。子どもと楽しく暮らしていれば，冗談の一つや二つ，出てきて当たり前です。そういうものがなければ，クラスは明るくなりません。冗談の言える関係は，大切だと思います。
　しかし，揶揄はいけません。
　たとえば，子どもの容姿や体型を冗談にして笑うと，笑われた子どもは自分でも笑っています。このことは，僕がいろんな本に書いたり，講座でもよく話したりすることです。子どもは，笑われたことに腹を立てたら，もっと自分が傷つくので，笑うことで自分も周りもごまかすのです。そして，心だけ傷つきます。

「おまえ，変顔だなあ。」
「短い脚で無理して二段とばしするから，こけたんだ。」
「鏡見て，出直してこい。」
　こんな言葉を発していませんか。

　教師は，子どもたちよりも，一段高いところにある存在です。子どもたちは信頼をよせてきます。その教師が子どもを揶揄したとき，友だちや親に言われたときよりも，大きくこたえてしまうことがあるのです。つらさは，倍加されると思っておいた方がよいでしょうね。

プロ教師は
ユーモアに対するTPOを持っています。

　プロ教師は，ユーモアが人間関係を潤滑にしたり，人を癒したりするものであると，知っています。
　子どものしたことを笑って良いときはあります。笑いのないクラスは，硬直していてつまらないものだからです。
　でも，子ども自身を笑うことはありません。笑って良いことと，良くないこととの区別をしっかりとつけています。そして，それを子どもたちにも伝えていきます。

　プロ教師は，笑って冗談を言っているからといって，その子が心から笑っていないことがあることを，知っています。
　いつも冗談ばかりを言って，人を楽しくさせる子どもがいました。
　4年生の時，身体のそれほど大きくないその子に生理が始まりました。いつもとは少し違った調子で友だちに，
「私，生理になっちゃった。」
と言ったら，
「またあ，そんな冗談言って。」
と，みんなに大笑いされました。
　その子は，
「そうなのよね。実は，痔だったのよ。」
と言って，もう一度みんなで笑いました。なんだか哀しい笑いですね。
　「笑い」は，気を付けないと，必死で演じていることがあるということです。子どもたちにそんな笑いはさせたくありませんね。これは，ユーモアではありません。
　くったくのない素直な笑いが，教室にあふれてほしいと思います。

45 教師の言葉の影響力

> 不用意に，こんな言葉を使っていませんか？
> 「アホ」「バカ」「チビ」「ブタ」「やせっぽち」…

　こんな言葉を，子どもを攻撃するために使う教師は，まずいません。
　しかし，ふとしたノリで使ってしまう教師は，けっこうたくさんいます。
　大勢の子どもたちが，ニックネームとして「チビ」「チビ」と呼んでいて，言われている本人も嫌な顔をせずに普通に返事をしていると，先生もつい，「おチビちゃん」と言ってしまうことがあるのです。
　でも，先生に言われることは子どもにとって決定的な出来事で，とても辛いことになるのだと知りましょう。子どもが笑っているからといって，平気だと思わないことです。

　こうした言葉は，子どもの価値を低くしてしまいます。
　「チビ」「ブタ」「やせっぽち」というような言葉は，努力してもどうにもならないことを揶揄している言葉です。だからこそ，とてもつらい言葉です。これに類似した，容姿に関連した言葉は，特に気をつけなければならないと思います。
　「アホ」「バカ」というような言葉は，ただの悪口です。何の生産性もありません。このような言葉が横行する学級を考えてみてください。最悪の学級ですよ。
　このほかにも，教師だからこそ，軽い気持ちで子どもに発してはいけない言葉があるのです。

> プロ教師は

まず、そういった言葉は使いません。
なぜ使うべきでないのかということを、きちんと理解しているからです。

　教師は教室の権力者です。権力者からかけられる否定的なメッセージは、子どもを委縮させたり、貶めたりします。これは、社会的に言うと、パワーハラスメントと同じことなのです。
　プロ教師は、そのことを自覚しています。自分の発する言葉が、子どもの人生において大きな悪影響を及ぼす可能性があることを知っています。
　また、言葉そのものに力のあることを知っています。言葉の使い方、使いどころというものを、いつも考えながら使っています。
　言葉を使いこなせるのが、プロ教師なのです。

■「ニックネームだから、いい」…のかな？
　昔、岡田崇先生のクラスの子どもたちが、友だちのことをニックネームで呼び合っていました。子どもによっては悪口にしか聞こえなかったので、岡田先生が「やめようや」と言うと、口々に「ニックネームだからいいんだよ」「親しみこめてるからOK」などと言ったそうです。
　その日の授業で岡田先生は、指名するとき、親しみをこめて、にこにこしながら、「はい。井上ブタくん」「吉田くるくるパーさん」と、否定的なニックネームをつけて言ったそうです。
　子どもたちが、いやだからやめてくれと言うと、「親しみこめてたら、いいんじゃないのか」と、さらに続けたそうです。
　3時間目には、子どもたちが「先生、分かりました。ニックネームもやめます」と、言ったそうです。

「教師の仕事」を見つめ直す

自分の人生に真っ直ぐ向き合わない人に人様の子どもを教える資格なんてありません。

46　身だしなみ

> 服装には，あまり意識をしていません。
> 教師は中身であって，服装ではないと思っています。
> …なんてことは，ありませんか？

　服装にお金をかけて，最新のファッションで登校しましょうと言っているわけではありません。
　いつも同じ服装，同じスタイル。よれよれの服を着て，どこかだらしない恰好に見えるなどというのは，そのレベルでもう，プロ教師ではありません。その職業にふさわしい服装というものがあるのです。

　授業参観の日だけ，それまでのTシャツスタイルからスーツとネクタイに切り替えたら，子どもたちに，
　「今日，先生は，どこかへ出張なの？」
と言われたという話があります。
　普段からきちんとした服装をすることで，子どもとの間に，教師と子どもという一線を引くのです。

体育もないのに一日中ジャージを着ている先生は，子どもや保護者からどういうふうに見られているか，考えましょう。学校は，家でくつろいでいるのと同じ場ではありません。
　古臭い感覚で言っているのではありません。「親塾」等で保護者のみなさんと話していると，やはり，服装については，きちんとしていてすっきりしたものが好感度を持たれているようですよ。

> **プロ教師は**
> **学校や子どもたちに合わせて，正しい服装を心がけています。『人は見た目が9割』だと，自覚しています。**

　『人は見た目が9割』（竹内一郎　著／新潮社）という本には，最初に会った時の印象は見た瞬間にほとんど決まる，ということが書いてあります。人は，話の内容よりも，その人の見かけによって聞くのです。中身で勝負などと言ってみても，仕方ないのです。

　昔，卒業式にジーパンで来て，管理職とけんかをされた先生がいらっしゃいましたが，ジーパンで卒業式に列席している先生に，わが子を心から見送ってくださっているという気持ちがわくでしょうか。
　Tシャツのソムリエにワインを選んでもらっても，美味しくは感じないでしょう。何事にも，ふさわしい服装というものがあるのです。
　入学式，卒業式は，子どもたちの人生の大切な門出であります。そのときには，燕尾服までは必要ないでしょうが，それなりの服装をして臨むべきです。
　保護者との懇談会には，スーツにネクタイというのが常識です。
　プロ教師は，そういうところで足を引っ張られるようなことはしません。良識ある服装で臨みます。

47　休み時間の過ごし方

> 忙しいので時間がなくて，職員室で丸付けするか，
> パソコンに向かっています。
> …なんてことは，ありませんか？

　教師は，忙しい仕事です。特に今の教師はとても忙しくて，大変だと思います。学期末には成績処理に追われることもあります。人間とは弱いもので，そういうことを言い訳にしてしまい，つい自分の仕事を優先してしまいます。

　しかし，教師の仕事は，子どもたち相手であります。事務的なことも大切ですが，学級の子どもたちの状態の方が重要であることは言うまでもありません。

　子どもたちのそばにいるべき時間に職員室にいて，学級にいない先生の教室は荒れていきます。子どもたちの問題に対応できなくなります。

　また，そういう先生は，ほとんどの場合，始業のチャイムが鳴ってから重い腰をあげます。授業のスタートに教室にいることができません。そのことも，学級の子どもたちに悪影響を与えます。

　子どもたちと一緒に遊んだり，話を聞いたり，様子を観察したりと，子どものそばにいるだけで，たくさんのことができます。その貴重な時間を自分で放棄するようでは，プロだとは言えません。

> **プロ教師は**
常に教室にいるように心がけています。

　朝，教室にいれば，子どもたちは「おはよう」と言って入ってきます。「先生がそこにいる」ということは，ほっとすることなのです。挨拶が交わされ，言葉がけもできるでしょう。
「どうしたの？　髪の毛がぼさぼさだよ。」
「うん。昨日ね，頭を洗って乾かさずに寝ちゃったの。」
「疲れていたんだねえ。」
　こういう会話がたくさん，毎日，成立していきます。

　教室にいるだけで，そのときそのときのクラスの空気がなんとなく分かります。子どもたち全体の空気が良いのか悪いのか，伝わってきます。空気が良くなければ，空気を良くするための工夫をします。そのことについては，これまでも書いてきました。

「ただいま，先生。」
　教室で仕事をしていると，子どもたちはそう言いながら帰ってきます。教室は子どもたちにとって，家であり，先生は教室で子どもたちを待つ保護者なのです。

　また，休み時間には，子どもたちと遊んだり，どの子がどの場所で生活しているのかを確かめたりしています。子どもとの時間は，いくらあっても足りないと思っているのが，プロ教師です。

48 体調管理と休暇

> 体力のぎりぎりまで，休まないでがんばっていませんか？

　そんなことをしていたら，いつか，ぽきっと折れてしまいますよ。
　昔体質の教師は，休むことに対して厳しいです。たまに，管理職にそういう方が来られると，教職員は疲弊してしまうことになります。
　体力にも精神力にも，限界というものがあります。特に今の学校現場は，「ブラック企業か」と言われるほど，仕事もストレスも多くて，余裕のない先生があふれています。1年間，元気でやり通すことは，大変なことなのです。

　若いまじめな先生は，本当に一生懸命がんばって，力尽きるように倒れます。何人もそういう先生を見てきました。
　例えば，学級が大変な状態で精神的に目いっぱいのときに，1日休息をとるだけで，少し元気になって，そこから先も持ちこたえられることがあります。3学期の2ヶ月ほどの間に2回ほど休ませてもらうことで，終業式まで続けることができたら，学級が崩れていたとしても，1年間はやり通したことになります。

　休まないでがんばりぬいて，ついにダウンして休職ということになったら，その後の周りにかける迷惑は，半端ではありませんよ。
　1年間やり通すのは，プロとしての最低不可欠の仕事なのです。

> プロ教師は

倒れる手前，まだ少し余裕のあるときに，段取りをうって，子どもや周囲にできるだけ迷惑がかからないようにしてから休みます。

　そうすれば，とことんぼろぼろにはなりませんから，次の日にはリフレッシュして仕事に臨めます。

　プロは，体調管理をうまくして，簡単には休みません。しかし，自分で「あぶないな」と思ったときには，できるだけ周りに迷惑のかからない時を選んで休むことも，選択肢として持っています。

　このことについては，「自分は絶対に休まない」というプロ教師も多いと思います。ただ，僕のように体力に自信のない人間は，そうやって体力や精神力を維持してきましたので，ここであえて取り上げたということです。

　ともかく，途中で倒れたら，プロではないのです。

■　教師の離職と休息

　ここ数年の休職者，途中退職者の多さには，目を覆いたくなります。文科省によると，公立学校の休職者の数は，毎年8千人を越え，そのうち精神疾患が5千人以上です。

　しかも，2年未満の若い先生がその半分近くを占めています。教師として適しているのかどうかを判断する以前に，まともに1年間を過ごすこともなく去っていく若い先生のなんと多いことか。

　ベテランも多くが体や心を壊しているという今の時代では，いかに心身を休ませるのかということが，教師として生きていくための一つのポイントになるのだと思います。

49 研究への姿勢

> セミナーに出たり，本を1冊読んだりしたら，
> 「学んだ」と思い込んでいませんか？

　セミナーにしろ読書にしろ，受講した後，読んだ後からが，教師の学びのスタートです。
　セミナーでアイデアをもらえたら次の日から崩壊学級が立ち直る，ということは決してありません。名著を読み終えてその通りにしたら，授業がうまくいくなどということもありません。
　僕のこの本を読んだら，明日から全員がプロ教師になれる，ということもありません。

　鮪の刺身を食べたら，次の日から瞬発力が倍になりますか？
　ステーキを食べたら，その直後から牛のようなパワーが身に付きますか？
　魚も肉も，食べてから体内で消化吸収されて血となり肉となりして自分の体の一部となって初めて，「自分の力」になり得るのです。その血肉は，自分自身のものに変化しているのです。

　セミナーも本も同じです。学んだことを自分の中で消化する時間が要ります。教育における「消化」とは，目の前の子どもたちにどうしていくか，ということです。子どもを通して考えていくことが，「学び」になるということです。

> プロ教師は
子どもたちの姿をくぐってこそ「学び」になると考えます。

　教師というのは，実践的な職業です。あくまで，目の前の子どもたちの姿をくぐってこそ，「学んだ」と言えるのです。
　実践には，2通りあります。「実践埋没型」と「理論的実践型」です。

　実践埋没型の教師は，「俺はこのやり方で何年もやってきたんだ」と，実践経験のみを頼りにしていて，一見，プロ教師のように見えます。こういう方は，理論に対して，
　「理屈をこねるな。」
というような暴言を吐きます。
　理論のないところに，教育など成り立ちません。僕に言わせれば，こういう方は，けっしてプロ教師ではありません。

　「理論的実践型」の教師にも，気を付けなければいけないことがあります。理論を追求するあまりに，目の前の子どもたちを通して考えるという姿勢の欠けてしまう時があるからです。

　何のために，どういう意味があって，この実践をしているのかということを常に頭に置いて，子どもたちの姿でその検証をしていくことが，もっとも大切なことだと考えています。

50　職場外の仲間

> 職場の内外に，語り合える仲間がいますか？

　これはちょっと難しいところなのですが，職場の内外に語り合える仲間のいない先生は問題です。視野がせまくなります。職場でのストレスもうまく発散できません。

　休職してしまう先生方には，職場で語り合える仲間がいなかったり，そういう仲間と付き合ったりできなかった方々がいます。ストレスを全て自分独りで抱え込んでしまうので，一度折れたら立ち直れないのです。
　僕はそういう相談をかけられることがあるのですが，年齢の近い仲間を探すことが大切だと，そういうセミナーに連れていくようにしています。

　職場ではなかなか話せないときも，外で志を同じくする者同士が集まって語り合えれば，そこで発散することができます。明日の力をもらえます。それは何も，勉強会やサークルのようなものでなくてもいいのです。文句を聞いてもらえる友だちでもいいのです。
　しかし，外部の仲間に逃げ込む先生は，問題です。教育は，あくまで学校という現場でのことなのですから，外にいくら仲間がいても，学校で孤立していたのでは，教育は成り立ちません。学校行事を休んでもセミナーに行くような教師になってはいけません。

　一番良いのは，校内に仲間がいて，真剣に話ができ，相談し合うことができ，外部にも仲間がいて，学校の愚痴を聞いてもらえることでしょうね。

> **プロ教師は**
> # 職場の中も，外の仲間も，どちらも大切にしています。

　どちらが優先かと言われたら，迷いなく職場の仲間です。職場の仲間を仲間として認めることです。

　第50項目目ですから，僕の若いころの話でまとめましょう。
　僕は，附属小学校から私立小学校に変わりました。周りの先生方と附属の先生方とを比べて，あまり熱心でないと決めつけていました。「自分は，この人たちとは違うんだ」というような傲慢な気持ちがありました。
　だから，最初の頃は，仲間を大切にしていたとは言えません。その頃は，アマチュア教師だったと言えるでしょう。
　当時，唯一尊敬していた先輩からよく言われたのは，
「あなたは，人を認めていない。それが，教師としての欠陥だ。人は，認めることから始まるんだよ。」
ということでした。
　その言葉を理解するのには，時間がかかりました。今にして思えば，生意気で鼻持ちならない奴だったでしょう。

　人として認めるということの意味が分かり，それが本心からできるようになって，僕はようやくプロ教師としての一歩が踏み出せたのではなかったかと思っています。
　そこからは，若い先生たちがやっていけるように，仲間としてできる限りのことはしてきたと思っています。

　プロ教師は，仲間のフォローができなくてはならないのです。

第3章
「プロ中のプロ教師」への道
一流から聞き取る，対談的インタビュー

「プロ中のプロ教師」とは，
全てのことにおいてプロ教師としての力を発揮しつつ，
何か一つ，人よりも秀でたものを持っている教師のこと。

　全ての教師はプロ教師でなくてはならない，という視点でここまで述べてきました。
　ここからは，僕の認めるプロ中のプロの小学校教師三人にお願いして実現した，対談的インタビューをまとめています。

　料理界において，「あのシェフの鴨のコンフィは特にお薦めです」とか，「ここの料亭の板長さんの味噌汁は，東京から関西までわざわざ食べに来られる方がいます」などということを聞いたことはありませんか。一流の料理人は，なんでもできるけれども，特に個性的特徴的な料理を工夫して名をあげているものです。
　全てにおいてプロとしての技量を持っているんだけれども，特にこれで高い評価を得ている方，それがプロ中のプロなのです。

今回対談した先生方は，個性的で傑出した力を持つ方ばかりです。

　ソーシャルスキルやグループエンカウンター等で学級づくりの第一人者と言われる，仙台の八巻寛治さん。

　お笑いとネタで一世を風靡し，全国の若い先生たちを勇気づけている信念の教師，山口の中村健一さん。

　そして，子どもとの関係づくりと授業づくりで次々とメッセージを発信する，札幌の山田洋一さん。

　みなさん，違った点において傑出した力を持っておられる方々ばかりで，僕も，この方々からたくさんのことを教わってきました。
　対談的インタビューとは，普通のインタビューとは違って，二人で普段のように会話しながら，考えや理念を引き出していこうとするものです。改まった形ではなく，居酒屋でゆっくり飲みながら，ちょっと対談もはさむという形で行いました。セミナーや研究会では出てこないような話がたくさん得られたと思います。

　ここには，意識せずに飛び出す，珠玉の言葉が並びました。さらに，先生方の原点のようなものも引き出せたかなと思っています。
　なお，僕との普段の会話をできるだけそのまま生かしたいと思ったので，先生によって言葉使いが違っています。そのほうが，改まった感じがなく，普段のままの姿が伝わると思っています。

| プロ教師に聞く！ | Vol. 1　八巻 寛治 先生 |

宮城県仙台市立沖野東小学校教諭。仙台市嘱託社会教育主事指導者養成部副部長、仙台市小学校研究会特別活動部会幹事、宮城県教育カウンセラー協会副代表。上級教育カウンセラー、学級経営スーパーバイザー（Q－U等）。
【著書】『小学校若手教師のエンカウンター入門実践テキスト』、やまかん流カウンセリング技法活用シリーズ1巻『学級保護者会・懇談会の演出スキル』、2巻『社会的スキルを育てるミニエクササイズ基礎基本30』、『新教育課程対応　エンカウンターで学級活動12ヶ月』シリーズ（明治図書）ほか多数。ブログ「やまかん日記」も好評。

　　　　　　　　僕の知っている教師の中で，最も穏やかに話すのが，八巻寛治さんです。出会いは，富山でご一緒させていただいたセミナーでした。二人で同室に泊まりましたが，初めから考えに共通性がありました。
　　　　　　「結局は，子どもと一対一の関係をつくるということですよね。」お互い，そこが一番大切だという認識でした。
　僕は，懐疑的なところがあって，有名な先生だという場合には，少し離れて見るようにしています。そうすると，その方の全体像が見えるからです。初めから賛同してうなずいていくということは，めったにありません。でも，八巻さんだけは，初対面から距離が近づいて旧知の友人のごとくに話すことができました。人徳でしょうね。
　今回は，八巻さんの地元で，楽天の優勝にわくいきつけのおでん屋さんで，ざわざわした中でのインタビューでした。ゆっくりと語り合えました。対談は，その一部です。

■　2013年11月25日　仙台のおでん屋さんにて　　　　　（八巻…⑧，多賀…⑲）

■　グループエンカウンターとの出会い

⑲　なんでグループエンカウンターをやるんですか？
⑧　最初は，民間にいたときに，奨めてくれた人がいたんですよ。銀行に勤めた時に，教えてもらったんです。
　高校卒業して銀行に勤めて，有名国立大学出身の先輩とかがたくさんいて。「お前ぐらい銀行員に合う人間はいない。だから，教えてやる」と言われて教わったんです。「あいつおもしろいやつだな」と言われて，飲みにつれていってもらったりもしました。ただ酒いっぱい呑ませてもらいました（笑）。
　ロールプレイなんかも，正直，最初，わざとらしくて嫌だったんです。 でも，やっているうちにその気になってしまっていたんです。

ある有名な大学出身の先輩は，話術でなんとかなるから，そんなものはいらないって言っていたんです。
　　銀行では毎朝朝礼でロールプレイをやっていました。私が担当になってロールプレイをした時に，「君のようなタイプは苦手だけど，君のやり方でやったら，うまくいった。それを俺は学んだんだ」と言われて，*自分ではわざとらしいと思っていたのに，他人が自分の姿を見て役に立つこともあるんだなと思ったときに，おもしろいなって。*実感しました。

⑧　学級担任になって，高学年の女子で苦しんだときとか，場面緘黙の子どもが，自分の前ではしゃべらないのに友だちの中ではしゃべっていることに，正直ショックだった。
　　高学年の女の子で反抗的な子がいて，「なんでこんなに反抗するんだろう」って思った。自分に何ができるかって思ったときに「そういえば昔，グループエンカウンターしてたよな」って思って始めた。そういうのがきっかけですかね。
㊅　先生になってからではないんですね。その前からってことなんですね。

⑧　たとえば銀行員時代に，自己開示をしたり，自己分析する課題をしたことがあります。合唱団で合宿に行ったときに，みんなで仲良くやろうって言って，支店長も役員たちもいる中で自分は一番の下っ端だったのに，自分がリーダーになってみんなを動かして，それが小気味良かったです。
　　忘れられないのは，小学校5年生の時。集会委員会で自分がゲームをさせて，自分の言葉のもとにみんなが同じことをやっている，その小気味よさを感じたということがありました。
　　あと，バレーの試合で苦しくなったときに，「笑顔になれ」とか言わないでも，「彼の良さってなんだったんだろう」とか考えたり。
㊅　試合の最中にですか？
⑧　そうです。*無理しなくてもなぜかみんなその気になってしまう。人がすっと変わる瞬間というのが楽しかったんですね。*まあ，教育大学の出身者ではないので，それしかなかったんですけどね。ゲームが好きだから，ゲーム的なものを取り入れていったんですね。

■　影響を受けてきた人・体験

㊅　八巻さんって，スキルがたくさんあるじゃないですか。あれはいったいどこか

らくるんですか？ いくらでも出てくるじゃないですか。
⑧ 一番は，自分の生活経験からです。
⑱ えっ，生活経験ですか。
⑧ はい。多賀さんと話したときに，自分の関西の人のイメージが変わったんです。関西人って，それまでがんがんいく人というイメージがあったけど，それが多賀さんと会ったときに，「あれっ，ちがうんだな」って思ったんです。それって何が違うんだろうって思うと，表情だったり，芯の強さだったり…。
　多賀さんがよく言う大好きな先生の話があるじゃないですか。
⑱ ああ，岡田崇先生のことですね。
⑧ そう。そこが違うんだって。多賀先生から岡田先生の話を聞いたときに，*じゃあ自分の好きな先生はどんなだったのかとか，影響受けた人たちにはどんなことをもらったのか*ということを思い出しました。思い出しながら，いろいろと考えていると，思いつくんです。借りてきたものはないつもりなんです。
⑱ 分かります。自分の生活経験からきていることだから，いかに似たことがあったとしても，借りものじゃないと。
　今日，今の自分を形成するのに影響を与えた人がいるという二人の会話の中で，自分の好きな先生がどうだったか，という話がでてきましたよね。やっぱり大事ですよね。好きな先生のことを思い出すことって。
⑧ 反面教師って言いますが，*自分がすごく影響を受けている存在なんですよね，自分の先生って*。もっと言えば，親もそうですね。そのときは気づかないんですよね。

■ 怒鳴ること，大声を出すこと

⑱ 八巻さんにどうしても聞きたかったことがあって…。八巻さんって怒鳴ることがあるんですか？
⑧ 怒鳴ることはないけれども，大きい声を出すことはあります。「目を覚ませ」っていうときですか。それは命に関わるときのことですね。
　荒れたクラスを持ったときに，危険な行為があって大声を出したときに「ああ，自分でもびっくりするような大声だったなあ」って思って，それ以来，大きな声を出すのはやめました。
⑱ やめたって，何年前からですか。
⑧ 平成10年ですから，15年前からですね。
⑱ 15年間，一度も大声を出してないんですか。すごいなあ。僕には無理だなあ。

㊇　というか，出す機会がなかったって言うか，必要がなかったっていうか。

隣のクラスはいつも大声を出しているのに，うちのクラスはにこにこ暮らしている。*そんなに大声出さなくっても，子どもたちはプラスの思考でいけるんですよね。*どうして怒らないんだって言われても，ねえ。

㊇　3日に1回くらいですかね，子どもたちの様子をお便りにして出していました。私は初めて1年生を担任しています…と。そういうやりとりをしていると，保護者の方からも「うちも初任者です」って返ってくるんです。保護者ともうまくいっていたし，大声は，出さなくても済んでいたということなんです。

㊋　なかなかね，それが難しいですよね。一度はじまると，出しつづけてしまいますよね。

㊇　*怒鳴ることが相手のためになっているかというと，そんなことはなくて，自分への言い訳でしかない。*で，それに気づかないと，それが正当性を持っちゃうだけじゃないかって。

子どもたちは教師の怒鳴る姿をよく観ていて，「それって，実はあんまりうれしくない」って，言わないけど，思いますよね。そういう子どもの気持ちって我々教師はなかなか気づきにくいんですけど，親には伝わってるんですよね。子どもたちがそう思えば，親だってそう思うし。*クレーマーって，私は大事だと思うんですよ。辛辣なことを言ったとしても，自分の弱点を指摘してくれるんです。*

「あんたは謙虚だからそれが言える」ってよく言われるけど，そうじゃなくて，謙虚でもなんでもなくて，相手を尊重しようと思うのであれば，相手の指摘を受け入れることが大事なんです。ただその代わり，叱った後はフォローはしないといけない。フォローをする自信が私はないから…。

㊋　でも僕，八巻さんに叱られると，子どもって人生を失ったような気になると思いますよ。

㊇　いやいや。そんなことはないですよ。目だけで怖いって言われるときがあるし（笑）。

㊋　普段怒ってばかりの人が怒っても，あんまり怖くないんですよね。

㊇　最初は怒鳴ったら聞くけど，そのうち，慣れてくると，なんの役にも立たない。そこを大人が理解して使わないと。もったいないですよ。*せっかく子どもといい関係をつくる機会があるのに，怒鳴って自己満足を出してしまって関係をつぶしてしまうんです。*

みなさんよく言うのは，「怒鳴ってから，しまったと思う」って。

■ 今の教育で一番大きな問題

⑻　親を越えられないとか，思春期をうまく越えられないとか。自己表現もそうですよね。*周囲に遠慮して生きていると，本当だったら大事なこと言わないといけないのに，言いそびれて大人になってきてしまう。*教師の遠慮が子どもたちに影響を与える材料になってしまうように思うんです。

　私は，思春期がきたのは高3のときの進路を決めるときで，北海道の大学に進学することまで決まっていたのに，突然，行かないって言い出したんです。
　そのとき母が入院していて，父親が代わりに料理して。いまだに忘れられないのは，大根とニンジンを真四角に切って，それを炒めて朝ご飯に出してきたんです。それで，自分は自分で料理すると決めて，母の病弱の姿を横目で見ながら，自分で料理して弁当をつめるようになったんです。
　そのときは，親父のようにはなるまいと思っただけだったんですけど，父は，長男が料理してはいけないという家庭に育って，ジレンマがあったと思うんです。そのあと，親には苦労をかけないぞっていう気持ちと反抗期が重なって，自立しようとしました。大学は推薦が決まってたのに，担任に相談して…。自立したいから，大学行きながら仕事できるとこはないかと。

　たまたまあったバレーボールの大会で活躍したら，銀行の人事部の人が見ていて，「ああいう威勢のいいのがほしいなあ」「ああ，あいつだったら，大学を辞めて働くって言ってましたけど」という話になって。
　ある日，校長に呼ばれて東京へ面接受けに行って，ペーパーテストもなくて，「元気のいいのがほしいんだよね」と言われて，「入ってもいいけど，大学行かせてくれるなら行くよ」なんて生意気言って。「そしたら，働く気持ちがあるんだな。場所は大学の近くにしてやる」なんて言われたんです。
　いろいろあったんだけど，銀行に行くことになったんです。あとで聞いたら，面接したのは副頭取だったんですよ。そういう意味では，人に恵まれたんですね。おもしろかったから，銀行は一生続けてもいいなって思ってたんです，その頃は。

■ 教師になった理由

⑶　では，どうして先生になったんですか？　奥さんのせいですか？（笑）
⑻　それはもう全然，後の話ですから。

銀行ってところは，一週間必ず休むんです。自分の仕事ぶりを別の人間が分担して，不正をしてないかどうかを見ないといけないことがあるんです。
　その一週間で，ボランティアとかで子どもと一緒に遊んでいて，「ああ，自分って，こういうところで仕事したかったんだよな」って思ったんです。小学校の時の集会でゲームしたときに，みんなが喜んでくれる満足感があったんですね。だから，6年生の時の卒業のアルバムには，「将来，銀行員と先生になりたい」って書いたんです。

㊙　えっ，それじゃあ，両方達成したわけですね。

㊇　高校の担任の先生が，自分が大学進学をやめたために，がんがん学校に怒られたんですが，自分にとってはありがたかったです。もう亡くなられましたが，不思議な人でしたね。授業以外でふざけたことばかりやってて，みんなで教室にお菓子持ち寄って大騒ぎしたりと，変な先生でした。でも，私の同級生は，有名大学の教授や小中高校の校長や，自分で起業した人とか，そういうやつばっかり出たんです。
　そういう意味では，*関わる教師の力って大きいですね*。我々は別に，尊敬はしてなかったんですが，でも，*自己開示できる先生，自分の言いたいことが言える先生だったんじゃないかな*とか思うんです。
　自分が教師になった最後のきっかけは，埼玉で学児保育のボランティアをしていて体育館を借りにいったときに，教員免許がなければ貸せないって言われて。それだったら，教員免許をとって，子どもたちのためになるようにしてやろうって，思ったことですね。

■　東日本大震災のその後

㊙　いろんな話を伺ってきましたが，震災後になんか変わったと思われること，心配なことは何ですか？　子どもたちで。

㊇　多賀先生からも話があったんですけど，*心のケアが何年か後に必要*だと聞いているじゃないですか。*自分がそれをなんとかプログラム化して，なんとか伝えたいと，いろいろ勉強会とか開いているんですが，周りが反応しないことが心配です*。「普通だよ」って言うんですよ。
　でも，今は支援があるから，仕事があるんです。今は，国が予算を出して，たくさん手助けが入っているからいいですけど，それがなくなったら，みんな引き上げて親の仕事がなくなるっていう風になるかもしれない。子どもに影響があることは考えておかなければならない。

教育委員会も，心のケアとか始めているんですが，教員研修が精一杯の段階です。だけど今後まちがいなく苦しんでくる人が出てくる。心の手当てをしたいですね。
㊥　絶対にいますよね。

㊇　**子どもたちもいろんな反応を示します。シグナルで伝えているはずなんです。そこをぜひ，心配してほしいんです。心配し過ぎくらいに心配してほしいし，確かめてほしい。** もし違っていたら，「ごめん，違ってたんだね」でいいんです。
　「子どもがなんか言うこと聞かないんだよね」っていう先生がいて，「どうしたんだ」って聞くと，「道徳で津波の話をしたのに，作文書かせようとしたら書かないんだ」なんて言う。違うだろう。津波で流されて，お父さんいなくなったって言っている子どもに作文書かそうなんて。でも，死んでる人の傷口に塩をすり込むようなことをしてしまう。罪ですよね。
㊥　書くことは大事だと思うんですよ。でも，書くことの先がないとだめですよね。受け止められているとか癒されるとかいう先があれば，書いてもいいんですけどね。

対談インタビューを終えて ✏️

　結論もなく，ぐだぐだと話している中から，何かを引き出そうと言う試みでしたが，僕が八巻さんから，たくさんいただいたような気がします。
　特に今回，強く受けたのは，「乗り越える」というイメージでした。「思春期をきちんと乗り越える」「震災後のストレスを乗り越える」ということです。確かに，子どもたちに乗り越えさせずに終わらせていることって，多いなあと思いました。これからの自分の教育に影響を与える言葉となりました。
　穏やかに話す八巻さんですが，熱い人なのだということも，今回改めて確かめられました。「暑苦しく」ではなくて，熱い思いを優しい言葉で包んでいるんだなぁと思うところがありました。
　八巻さんと話していると，あっという間に時間が過ぎます。この日は，インタビューの3倍くらい語りました。八巻さんは聞き上手だから，普段は，僕の方がたくさん話していたんだなあと，気づきました。

> プロ教師に聞く！

Vol. 2　中村 健一 先生

1970年生まれ。現在，山口県岩国市立平田小学校勤務。
お笑い教師同盟などに所属。
【著書】『中村健一――エピソードで語る教師力の極意』（明治図書），『子どもも先生も思いっきり笑える73のネタ大放出！』『教室に笑顔があふれる中村健一の安心感のある学級づくり』『つまらない普通の授業に子どもを無理矢理乗せてしまう方法』『担任必携！学級づくり作戦ノート』（黎明書房）など多数。

　　　　　　　　　中村健一さんは，言わば，アナログ教師です。スマホどころか，携帯電話すら持ちません。みんな彼と連絡をとるのに困ります。セミナーでは，まずパソコンやプロジェクターも使いません。映像を使って授業を組み立てたりすることもありません。被り物や変わったTシャツなどで子どもたちを惹きつけることはしますが，電子機器を駆使して何かをしようという発想そのものがないのです。
　しかし，身体一つで授業をするわけですから，そういう意味では，まさしく「プロ中のプロ」と言っても良いのではないでしょうか。
　また，体格が大きくて威圧感のある方ではありません。どこか軽くて，話し方に特別な力を感じるようなこともありません。しかし，中村さんのセミナーに多くの人が集まり，みな一様に「元気になりました」と笑顔で帰っていくのです。子どもたちも，きっと同じなのでしょう。
　特別な機材や映像を使わなくても，いっしょにいたら，元気になる先生。楽しくなる先生。その極意を，インタビューの中から引き出したいと思いました。

　年は離れているけれど，お互いに「友だち」だと思っています。普段から，「健ちゃん」としか呼ばないので，今回も改まった感じにせず，「健ちゃん」との「俺たち」の対談です。

■　2013年11月30日　神戸のファミリーレストランにて　（中村…㊥，多賀…㊤）

■　(なぜかいきなり，予定外の，教育ソフトや電子機器の話題からスタートして…)

㊥　これからの教育は，俺みたいな（アナログの）教師の時代ではなくなるって，横山験也さん（注：元千葉県小学校教員。出版社・さくら社社長で，デジタル算数教材の研究開発者）が言っている（笑）。
　　それは分からないでもないなあ。**ずうっと教育がいっしょだとは思えない。**
㊤　それはそうだけど，人を育てるってさあ，基本的にぬくもりとかなかったらあ

かんのんとちゃうん？
㊥　ぬくもりをどう感じるかだね。
�多　ロボットが教育する時代が来るわけがないと，俺は思っている。だって，問題って，人間的なところでしか起きないやん。
㊥　けど，TOSSとか見ていても，電子機器はコミュニケーションツールとして，彼らにとって道具なんでしょ。（�多　そうそうそう）それを抜きにしていく教育はこれからあり得ない。でも，だからこそ，ぬくもりが欠けると，アンバランスな状態が起きていく可能性があるわけでしょ。
　　俺はけっこうポリシーがないからさあ，験也さんと話すと，そんな気がしてくる。ずうっと黒板があるかというと，微妙な気がしてくるし。うちの学校もホワイトボードとか入ってきとう。
�多　電子黒板やiPad導入とかはあるだろうけど，基本的にそんなことで子どもは育てられないと思う。

㊥　多賀さんの言うことはあると思うけど，でも，教師が変わっていかないといけないとこはあるんちゃうかな。
�多　そう。そこに対して頑なな人はダメ。
㊥　だからそこ。やっぱり変えていかないといけないでしょう，自分は。お客さんあっての俺らだから。この感覚ができない人は，やっぱダメだろう。俺らが変えていかないといけないことはあると思う。
　　なんぼこっちがすごい授業が上手でこういうポリシーがあってとどうのこうの言っても，目の前の子どもが変わらないと意味がないじゃん。満足してもらわないといけない。そういうことが俺の中ではでかいんじゃないかなあ。
　　多賀さんもそうだし，土作さん（注：土作彰先生。奈良県小学校教員）もそうだけど，サービス精神が旺盛だよね。（�多　旺盛。旺盛）（大笑）

■ 自分はどんな教師か

�多　一応聞くけど（笑），自分の一番の特徴は何だと思っていますか？
㊥　なんだろうねえ。こだわりがあまりないことかなあ。いろいろとかじってるよ。一読総合法もやったことがあるし。
�多　それって，好奇心が旺盛っていうんじゃないの（笑）。
㊥　でもね，追求はしない，絶対。これ一筋というタイプではないやろう。お笑い一筋というのでもないし。いろんなことができるようにしてる。

でも，サービス精神が人一倍あるというのは，まちがいない。**サービス精神って，別に笑わせればいいっていうものでもないよ。お客さんを満足させるっていうこと。バランスやろ，結局。**保護者受けや子ども受けが良ければそれでいいかっていうと，それでもない。
多　そうだねえ。微妙だねえ。
申　バランスやろ，結局ね。
多　健ちゃんの言う「サービス精神」って，何なのだろうね。
申　うーん。バランスですよ，やっぱり。
　この歳になるとね，どれに偏ってもダメって気がしない？　**子どもらや保護者にそっぽ向かれたら教育って成り立たないわけで，そこに向かっては全力でやるけど，その一方で，それだけになびいても多分ダメだなって思うんだ。**
　学力テストもペーパーテストも大事だし，ちゃんとやるけど，そこでペーパーテストばっかりやったら，子どもは絶対に勉強が嫌いになっちゃう。そこもバランスだと思う。昔だったらテストは即否定だっただろうけど，そこも大事だということも，この歳になると，思う。全部を否定はしない。でも，そこだけに偏るのはいやだって思う。

■ 今，一番伝えたいこと

多　一番伝えたいことって，何なの？
申　何かなあ。多賀さんの伝えたいことって，何なの。
　たとえば土作さんは，「哲学，哲学」って，はっきり持っている。「自分を伸ばす」と「他者を思いやる」。そこに集約する。彼はあれで，けっこう理論武装するんだよね。3D理論とかさあ，図とか描きたがるから（大笑）。俺はそんなのはないから。
　すごい感動的なことだってしたいし，目の前の子どもをこうしたいっていうのもあるし，すばやく動かしたいって思うし…。そういうのはあるけど，でかいことは考えてない気がする。俺はあんまり理論派ではないかなあ。
多　でも，理論がないことはないやん。
申　ないことはないけど…。現場人は，リアリストなんだよね，俺の中では。
　よく若手でもいるじゃん，理想ばっかりでかくってさ，頭でっかちになっていて。**理屈ばっかり言って，その実，子どもを動かせない。それって，はっきり言ってプロじゃない。**偉そうに理屈言って逃げるくらいなら…。
多　大学いったらいいんや。

第3章　「プロ中のプロ教師」への道　139

㊥ そうそう。大学の先生はそれでいいの。彼らはそういう生き物だから。
　僕らは現場人だから，目の前の子どもを変えるのが全てだ。できるようにするとか，やれるようにするとか，それが楽しいんだ。
㊗ 結局，楽しいからやっているんだよね。
㊥ そうそう。「中村先生の一番大事にしてることは？」って聞かれたら，俺が楽しいことって答えるなあ。それは絶対にいいことでしょ。俺がすごい自分勝手な人間なら絶対にアウトだけど，俺らって，けっこう気を遣うじゃん。
　俺が楽しいのは子どもが楽しいからであって，子どもが楽しくないと，俺も楽しくない。
　先生だけが楽しい人もいるけどさ。(㊗　おるなあ)（大笑）それは，でも，よくない。少なくとも，俺はその状態は楽しくないな。大事にしてるのは，子どもが楽しくて自分が楽しいことだね。

■ ネタについての思考

㊗ たくさんのネタは，どうやって作ってるの？
㊥ ネタなんか作ってないよ。基本的にパクリやな（笑）。だって，ゼロからなんか作れる？
㊗ いや，俺，けっこう作ってるよ。ゼロからとまでは言わなくても，3ぐらいから作ってるかなあ。
㊥ 若手からもよく「どうやったら，あんなネタができるんですか」って聞かれるけど，そういうレベルの話は，したくもない。
　多賀さんのすごい授業を，たとえば『あなたの夢はなんですか』を使った命の授業を，俺はだいたい3学期にやるんだけど，「これは僕の友人多賀先生が作ったものです」なんて断わる必要ないじゃん。やったら，俺の手柄じゃん。
　俺のも，「中村先生に学んだ」って言うやつがいるけど，俺の本を読んでネタやってうまくいったら，そいつの手柄じゃん。中村先生に学んだなんて言う必要なんかない。
㊗ すぐにそういうことを言う先生がいる。「そんなこと言わないで，自分の実践って言え」って思う。やってないんならあかんけど，教室でやったら，自分の実践や。それを何々先生に学びましたって言うのを聞くと，どうかなあって…。
㊥ 人のやっていることをその通りやったら，絶対にうまくいかないよ。空気読みながらやらないと。

㋈　それが「ヒドゥンカリキュラム」なんだよね。
㊥　意識してないでやっていることがいっぱいある。俺がネタやっても，多賀さんとは絶対にちがうし，若手がやっても違うはず。俺がやった方が絶対にうまくいくんだよね。
　　ネタの開発はしていないよ。修正はしているけど。修正はすっごい得意なの。*ゼロからの発想ってないよ。何かに学ぶしかないじゃん。*テレビ番組見ていて「これ教室で使えそうだな」って，よく思うのよ。だから，ゼロからの発想って，ないんだけどなあ。何もないとこで，ぱっと思いついたってことは，あんまりないよ。

■　教師は何から学ぶべきか

㋈　健ちゃんが一番勉強になるなって思ったことは何ですか？
㊥　勉強になるのは…，基本的には，子どもじゃない？
　　さっきも言ったけど，*目の前の子が全てだから。*子どもから学ぶ。
　　手強い子どもが来ると，おもしろいよね（笑）。本当に何もしないやつを，どうしたろうって。
㋈　分かる分かる。最近の手強いやつって，本当に手強いよね（笑）。
㊥　すごい手強いから，最初は高い目標を持っていても，次第に目標を下げていくようになった（笑）。でも，そいつが，すごい変わったらうれしいじゃん。
㋈　前は，手の中で転がしている感じがあったけど，今は，その手からこぼれている感がある。
㊥　今は，一日のうちで自分の責任を果たして帰らせようと思う。前の俺やったら，がんってやるところも，変えた。

㋈　子どもから学ぶっていうのは，けっこう意外な答えやったなあ。
㊥　なんで？　当たり前やろ。
㋈　当たり前だけど，もっと「○○先生から学んだ」とか言うのかなって思っていたんですよ。
㊥　だって，*子どもとやっていたら楽しいよね。*
　　今は，新しいことをやるよりも，目の前の子どもにどうしてやろうかって，なんとかしたるで，というのに走っているから，そこに力を入れざるを得ない。俺は基本的には，教育書オタクだから，そこから勉強はしてる。

（途中から，堀裕嗣さんと石川晋さん〔注：共に，北海道の中学校国語教員〕の話になる。帯広のセミナーで堀さん，石川さん，多賀の三人で「聞くこと」をテーマにして話をしたことから，「聞くこと」に話がそれていって…。）

- 多　自己顕示欲をどう抑えるかっていうことは，聞くときに大事なんだ。
- 甲　ああ，それは俺には，無理無理。無理無理（笑）。スキルって…？
- 多　スキルというのは，けっして技術だけじゃなくて，態度的なものが含まれている。
- 甲　聞き方に関しては正直，分かりにくいなあって思う。うなずいとったらいいかっていうと，違うじゃん。
- 多　極論すると，低学年は丸ごと聞けって言うけど，高学年では先生の話していることを全部聞いてもだめ。そこから骨子を読み取って，自分なりに消化しないといけない。聞き方っていうのを，ちゃんとスキルとして教えていかないと，子どもたちには身に付かない。
- 甲　それは，そうでしょう。全部は聞いてないやろ。取捨選択してるよね。言った通りに全部言えたらそれで聞いているかというと，そうではない。
- 多　そうなんだけど，技術を持っていない。授業中に先生のしゃべっていることを，自分に必要な形で聞き取ることを教えないといけないんだ。
- 甲　難しいよね。聞くだけでは評価しにくいし。どうなったら聞いてた状態かというと，難しいでしょ。

（話があちこちに飛んでいくのが，この二人らしい…）

■ 子どもが幼くなる？

- 甲　この間，若手に力説していたんだけど，**やっぱりね，子どもって可愛いんだよ。可愛くて仕方ないんだ。**
　ある程度ほんとにがんばっている実践家のクラスって，似ているよね。そんなに違わない。若手に伝える切り口が違うだけだって。
- 多　そうそう。そういうクラスは幼くなるんだよね。
- 甲　**片意地はらなくても済むから，子どもが子どもらしくなっていく。**
　向山さん（注：向山洋一さん。TOSS 代表）が昔書いていたんだけど，子どもがどんどん子どもらしくなっていく。だから，すごく可愛い。

■ 教師のパワーの源

多　パワーの源は何ですか？

申　酒，酒。酒，酒，酒，酒，酒（笑）。

多　そう言うとは思ったけどね（笑）。酒はいいよ。八巻さん（注：八巻寛治先生）との対談でも，「一の蔵」（注：宮城の地酒）を前にどーんと置いてやってたし（笑）。

申　八巻さん，会ってみたいなあ。多賀さんと八巻さんとの話を横に座って黙って聴いていたいわ。こんな感じじゃなくて，大人の会話でしょ。俺が騒がしいから，それは無理だけど（笑）。

■ 教育の問題

多　今の教育で一番大きな問題は何でしょうか？

申　簡単に言ったら，先生に権力が要る。先生に強制力が要る。

多　ないってこと？

申　ないじゃん。俺に何ができる？　俺は叩いたことはないけど，叩いたら体罰でしょ。最終的には怒鳴るしかないけど，今の子はそれでは無理じゃん。1年生が先生に「くそばばあ」っていう時代。それが6年生になったら，どうする。**教育は強制だよ。**

多　俺，それは賛成だよ，強制。

申　だって，手段がないじゃないの。強制だよ，結局。今って，親の方が強くなりすぎてない？

　尾木直樹さんが書いていたんだけど，全てにおいて親に主導権を握られてしまってる。昔は先生の方が力が強かったから，「学校に来なくていいですよ」と言えていた。そういう雰囲気があったのよ。今は逆に，先生が下手なことをしたら親に「学校へ行かせません」と言われる。

　全てにおいて親に主導権を握られていて，弱いのよ。そんな感じの脅しに屈服する。「こんなことするんなら，不登校になります」って言われるから，弱いのよ。先生にはなんらかの力が絶対にいるよ。

多　なんの力なの？　法的な根拠だね。

申　*たとえば，授業妨害する子どもは，やっぱり，別の場所で学習させてもいいんじゃないかなあ。*だって，他の29人の子どもにも学習権があって，それを妨害し

ているのに。その子一人を生かすのも大事だけど，まじめにやっている29人の子どもはおるわけだからね。
㊥　それをね，「切り捨てるからあかん」という発想が多すぎるんだ。それによって，29人が切り捨てられちゃうんだ。
㊥　そういうことやろ。全員幸せになんて，多分，今の学校はできないよ。
㊥　絶対，できないよ。できると思っているのは，教師の傲慢だよ。
㊥　でも，思っている先生は多いよ。（㊥　確かに多いよ）（笑）理解できないよね。
　その子を伸ばしてやりたいよ。でも，他の子の学習権をあくまで侵害しないというレベルの話じゃん。俺の心はすさんでるんやなあ。たぶん…。
㊥　でも，その中で，休職する先生が増えているんだよね。
㊥　それこそ，俺の仲間は何人もやられてきたわけだからね。おもしろがって妨害する子どもらにやられちゃう。
　先生に権力はいるよ，なんらかの。絶対に。教師の懲戒権ってあるんだからさあ。なんとかならないかなあ…。

対談インタビューを終えて ✎

　中村さんは早口だから，テープ起こしが大変でした。とても刺激的な言葉が飛び交い，たくさんカットしなければなりませんでした。
　話を通じて強く感じたのは，まさしく「最前線で戦う部隊の隊長」ということでした。厳しいところで体を張って教育しているからこその言葉が，たくさん飛び出してきたように思います。
　僕たちが土作さんと一緒に教師塾などをしているのは，若い先生たちの力になりたいという思いなのです。普段からそういう話をすることが多いのですが，この対談では，特に中村さんのボルテージは，そこに集約されていました。目の前で多くの教員仲間がぼろぼろになっていく姿に，怒りまで感じているのでしょうね。熱い思いを確かめ合う時間となりました。
　話があちらへ飛び，こちらへ飛びしましたが，できるだけそのまま書きました。普段から話している通りの言い方で，「俺」という一人称は，中村さんと話すときにしか使わないのも，不思議です。これも，そのままにしました。赤裸々な対談記録になりました。

プロ教師に聞く！ Vol.3　山田 洋一 先生

1969年北海道札幌市生まれ。北海道教育大学旭川校卒業。2年間私立幼稚園に勤務した後，公立小学校の教員になる。教育研修サークル・北の教育文化フェスティバル代表。思想信条にとらわれず，現場で役立つこと，教師人生を深めるものからは何でも学んできた。
【著書】『発問・説明・指示を超える対話術』『発問・説明・指示を超える技術タイプ別上達法』『発問・説明・指示を超える説明のルール』（さくら社），『教師に元気を贈る56の言葉』『子どもとつながる教師　子どもをつなぐ教師』（黎明書房），『山田洋一——エピソードで語る教師力の極意』『教師力トレーニング・若手編』（明治図書）などがある。

　　　　　　　山田さんとは，この対談が二度目の出会いですが，ご著書は何冊か熟読させていただいていたので，「この人は考え方がしっかりしているなあ」と思っていました。
　　　　　　　京都のセミナーで初めてお目にかかり，なんだか独特の雰囲気とオーラを感じました。僕は不遜な人間で，どんな立派な先生に出会っても，そんな風に感じたことはありません。にもかかわらず，山田さんは，プレッシャーを感じさせるような「何か」を持った方でした。
　セミナーを聞き，お話をさせていただくにつれて，「この人はちがう」感が強くなりました。もっとこの方と話したい，深めたいと思うようになりました。
　今回の対談は，たってお願いしたというわけです。

　山田さんとの対談は，お好み焼きやさんから始まりました。僕がたくさん語らせていただいたけど，鉄板のところではパソコンを取り出しての録音ができず，二次会のフルーツバーで，その続きから始まりました。

■　2013年12月21日　神戸の「フルーツバー」にて　　　（山田…⑪，多賀…㊵）

■　本を書くということ

⑪　本とか講演とかもそうなんですけど，情報の送り手という者は，どこまで受け取り手に責任を持たなければならないのかなあと考えたりするんですよね。言語にした時点で抽象化してしまってるでしょ。それを受け取るときに，誤解されちゃう。矮小化されちゃったり，逆に過大評価されちゃったりする。
　　本当に極意とかあるのかなあ。王道とか。
㊵　だから，かなり売れてしまうと，独り歩きしちゃって，その先生の実体じゃなくなってしまうんじゃないのかなあと思う。若い人には，早い時期から，気を付けないと危ないよって言っている。

㊦　若い人がセミナーで話すことには賛成はできる。本を書くこともいいと思う。外に向かって話すのは大事だと思う。でも，**若い時って，まだまだ入れないといけないことがいっぱいあるんじゃないかなあ。**

　例えば，10年ちょっとの経験だと，小学校の場合，うまく回っても６つの学年を２回ずつ担任することができない。僕の経験から言うと，２回ぐらいでは，本当はどうなのかが分からないものだと思う。３回持って初めて分かる。ある学年が特殊だったということってあるから。

㊤　そうそうそうそう。

㊦　若い人は，そこは危険さがある。自分のやっていることは，自分では見えないから。若い人は失礼でもいい。失礼で穴だらけのことをやって，指摘されて育つんじゃないかなあ。

㊤　結局，本を書くということは，自分がやったことがうまくいきましたよということを前提にして書くじゃないですか。だけど，**そのうまくいったというのは，うまくいくための前提条件が膨大にあるはずなんですよ。**それを若い人が分っているのかなあと思う。

　例えば，北海道で成功したことが関西でうまくいくかどうかは，本当のところは分からない。大阪のしんどい地域でやって成功したことが，北海道や北九州で通用するかは分からない。そういうことを意識しておかないと，足を踏み外しちゃうんじゃないかなあ。

　あと，僕のサークルの人たちには，「あんまりあわてるな」ってことを言っているんです。僕もそうだったんだけど，若い時は早く世に出たいもんです。早く雑誌の原稿を書きたいとか，共著でもいいから本の一部を担当して出したいとか思うものです。だけど，僕の場合は，自分にはそれだけの実践はないって思っていたんです。書きたいと思っていても，まだ書いちゃいけないって思っていたんです。

　でも，同期の先生たちで，雑誌や共著に２年目くらいでぽんと書いてる人がいるんです。それはどういう経過で書けたのか分からないです。内心くやしかったんです。

　だけど，うわさで聞くその人たちの教室って，あんまりうまくいってなかったらしい。それってなんなのだろう。成功してることを書くというのなら分かるけど，成功してもいないのに書くって，それはもうめちゃくちゃ問題だろうって。

　だから，若い人たちには，決して急ぐことはないって言うんです。

■ 時間の使い方

㊦ 僕は，若いころは，30代ね，土日は本当にストイックに子どものこと，授業のことに100％時間を使ってきた。時間が全然なくって。

⑭ それが今の多賀先生をつくってるんですね。

㊦ 今，土日ごとに外へ出ている若い先生たちは，その人の100％の力を子どもたちに出していないんじゃないかなって思う。僕よりはずっと優秀な人たちなんだろうけれども，でも，その人の100％で子どもたちのことや学級のことはできていないはずだと思うんだ。それが20年積み重なった時にどうなるのかなあって。

　学者になる人は別として，子ども・学級・授業に対して100％じゃなかったら，本当ならかなりの高いレベルになるものも，低くとどまるんじゃないのかなあ。

⑭ *今と若いときとを比べたら，効率も質の高さも，圧倒的に今の方がよい仕事が早くできるんです。*若い頃って21時くらいまで学校で仕事してるんですよ。家に帰って食事して，22時からまた1時まで仕事するんです。朝は6時には起きて，7時には学校へ行って仕事してたんです。でも，その頃より今の方が少ない時間で圧倒的な成果が上がっている。その頃は，今の十分の一ぐらいの仕事しかできなかっただろうなと思うんだけれども，でも，じゃあその頃のことが無駄だったかというと，そうじゃないんです。あの頃のことがあるから，今があるんだ，今やれるという。

㊦ *この仕事に無駄なんて一切ないんだと思うんだ。無駄だと思うことも，ひととししめたら，無駄じゃなくなってくるんだ。*

　あのね，50越えてからの教室での実践って，すごいことができるんだ。50越えての実践を持っている人はわずかしかいない。自分でもびっくりするような実践ができる。だって，技術も子ども理解も比較にならない。それを一つずつつくってきたものが，全部活かされる。子ども理解から何から，若い頃と比較にならないし，国語一つを取り上げても，説明文だって物語文だって，言語事項も作文指導も，話すこと聞くことも，全部見通しが持てて，全部にきちっとした指導ができる。同時にすることができるんです。そんなものは，30代には絶対にできない。だから，最後の方は，すっごいおもしろかった。

　結局僕が人前で話ができるのは，その頃にストイックに積み重ねたおかげなんです。

■ 地域性と教師の特性

多　僕の教えている若い先生ね，給食がご飯の日のときに，4時間目に子どもたちは図工に行っていて自分は空き時間だから，その間にご飯をおにぎりにして，子どもたちを待っていたんですよ。
　　「いいことするなあ。今，一番大切なのは，『ぬくもり』なんだよ」って，話したんです。とっても苦労しているけれど，一生懸命やっているのは，伝わるんですね。

山　心がすさんでないから，おにぎりが握れるんですね。

多　さっきも言ってたでしょ，北海道で通用したことが，こっちで通用するかどうかは分からないって。
　　では，山田さんの言う「北海道」って何ですか。

山　ないんですよ，特に。北海道といっても，郡部と都市部で全然違うし。

多　僕が感じたんだけれど，北海道ってしんどそうだなあって。だからこそ，いろんな人材が出てきているんじゃないのかって。

山　〔いくつかの県名をあげて〕そういうところって，スーパー教師が出てないじゃないですか。東京や大阪の厳しいところからは，ぞくぞく出てくる。そういうところで苦労していると，本当のマイノウハウができてくる。*ノウハウっていうのは，だれに対しても通じると思っている人がいるけれど，本当は，ノウハウっていうのは，その場所で自分だからできるっていうものなんですよね。*

■ 教師にとって，メンターの存在

山　その教師の特性とか子どもの実態とか地域性とかを含めた教育の成立が分析されるような研究があればいいと思う。だれに対しても通じるものじゃない。自分の現実とは違うってことを自覚しないと，若い人は道を踏み外す気がする。
　　*誰かがメンターになって，「現実とはこうだよ」って伝えてあげないと，若い人は失敗してしまうんじゃないかなって思う。*それがいちばんよい研修方法だと思うんです。
　　そこには現実があって，メンターが「君の現実はこうだよ」ってことを示してあげて，「君の現実に合うのは，これとこれとこのやり方があって，どれを選択していくか」ってことを具体的に言わないと，いたずらに自分を見失ってしまう若者が多いような気がして。遠い誰かがメンターになってしまうところに，現実の自分を見ない形の自己実現が生まれてしまう。

現場で自己実現できない人って，自分の現実を否定したところで，外へ出て，セミナーなどである種のカタルシスを得てしまう。それは，病的なんだけど，病的なことが起きてしまう要因は，近いところにメンターがいないってことなんじゃないかな。
　多賀先生の関わっている若者がほんとに幸せだって思うのは，教室の現実を見て，現実に即した指導をしてもらっているからなんじゃないかなあ。そこにやっぱり，そばにいて現実を知っている人が指導することの意味があるんじゃないかな。

㊛　そういう人がそばにいればいいけど…。
㊱　いないですよねえ，なかなか。僕もいなかったですよ。

㊛　僕はね，新卒から附属小学校だったんで，周りはそんな人ばっかりだったんですよ。そこでのつながりで，メンターのいないとこへ行っても，だれもメンターになる人がいなくても，前のつながりの人たちがいた。
　いや，一人だけいらっしゃった，尊敬できる人が，学校に。その人に教わったのは，「多賀さんは，他人を認めない」っていうこと。最初は反発して「だって，認められないでしょ。いいかげんなことばっかりやってる連中を」と言うと，「そういうことじゃないんだ。人を認めるって，そんなん越えて認めることだ」と諭された。それが分かるまで10年かかった。
㊱　分かんないでしょ，そんなの，若い時に。やってることしか認められないじゃんってねえ。
　それって，自分のダメさをどう受け入れるかってことと同じことでしょうかね。あるいはその，社会人として人としてということもあるでしょうけど。**教師としての技量というのは，職業人として当然日々評価されるんだけど，教師という生き方は，トータルで評価すべきだし，されていいですよね。**

㊛　僕ね，そのために自分が行き詰まったことがあって。
㊱　ああ，自分が，ですね。
㊛　その時に，この「プロ教師」の本にも書いてあるけれども，岡田崇さんという僕の本当の恩師で，僕の教育は，この先生に教えていただいたことを具現しているだけって方がいらっしゃるんだけど。
　国語の研究会の事務局している先生があるとき，「多賀君，会の案内の返事を，いっつも一番先に出すのは誰だと思う？　岡田先生なんやで。やっぱり人に対する姿勢が違うねんなあ」とおっしゃったときに，はっとした。「あれえ。僕は最

後の方に出してるなあ」って。僕は，いつもぎりぎりに出していたから。
　さらに，岡田先生にその話をしたときに，「返事を出す人は，いつ出しても一緒だと思っているが，会の担当をしているものは大変なんやで。その人のことを考えたら，早く出さないといけない」とおっしゃった。岡田先生はその会の会長なんです。それを聞いたとき，「そういうことなんだなあ。ああ。自分はまだまだ人としてたりないなあ」とつくづく思って，もっとそういうことを努力しないといけないなあって思ったんです。
　それから，人の見方が変わって，それまで全然勉強しない人だと見ていた先生が，実は周りの人にとても気遣いをしているというようなことが分かってきたんです。
　メンターって必ずしも「こうだぞ」って教える人じゃなくて，後ろ姿で教えてくれる人も，指すんだと思うんです。（⑪　そうそうそうそう）本当はどんな職場にも，尊敬できる人は，いるはずなんですよね。

■ 失敗からの学び

⑪　あのー，多賀先生はひょっとしたら，視点を変えて，想像力だけで人の立場に立つことが，できていらっしゃったのかもしれないですね。私の場合は，体験しないと分からなかったんです，おそらく（笑）。
　自分の父親が倒れて，母親がその介護していたときに，身内に重たい病気を持っている人がいるってことはどんなことかが，身に染みて分かるとか。
　何年かして雑誌に原稿を書きだして，自分に力がある，力があるから原稿書いてると思い込んでいたときに，初めて親からクレームがきて，それも複数の親からきて。なあんだ，自分って，原稿なんて書いちゃったりしてるけど，教室はむちゃくちゃじゃんって，思ったんですよね。そのときに，自分のダメさっていうものを認められたんですよね。やっぱり，**体験して目の前につきつけられないと，分からないタイプなんですよね。**
　それを認められると，あいつは原稿書いてないから，勉強してないからダメだと思っていた人が，いい教室つくって親から信頼されているのが分かって，「ああ。人の倍，努力しないとダメなんだな，自分は」って，分かったんですよね。**そういうのが分かる「壁」って，うまくやってくるものなんですよね。**

⑳　そうそう。その壁がやってきたときに，壁だって分からない人や，壁にぶつからない人がいるんだよね。うまくごまかして逃げてるっていうか。なんていうか。

⑪　その，親からクレームが組織ぐるみできたときね，夏休みに保護者会を開いて，話をして，校長は出席してくれるかなと思ったら，来てくれなくて（笑）。「山田さん，とりあえず一人でがんばってやってきてください」って（笑）。一人でやって。

　そのときにみんなから蜂の巣のように撃たれて，始めは，どう言えば自分の立場をこれ以上悪くしないかとか，こう言えばこう言い返そうってとこもあったんだけど，これだけ撃たれると，そんな言い訳をする気も失せて。ああ，もう全部自分が悪い，自分に力がないんだからしゃあないわっと。謝るしかないなって。「申し訳ありません。もう少しまともなことを2学期やりますから。もう一度がんばりますから，見てください」と，頭下げたんです。

　それで，保護者会が終わって，みんなを見送った時に校長も来ていて，「やー，なんかね。良かったじゃん。みんなすっきりした顔で帰っていったよ」って言うんです。それだけなんです（笑）。

　それで，僕は自分でなんとかしないといけないと思って，さらに勉強して，2学期立て直して，親たちも最後は僕に感謝してくれて，終われたんです。

　そのとき，校長冷たいなって思ったんだけど，でも，*失敗は失敗させるって，けっこう大事かなって。今，失敗させられないでしょ，転べないから。*

⑳　今，失敗できないよね，若い人。
⑪　そうそう，できない。「だめだったのよね，私」って，失敗を自分で気づく前に，周りが寄ってたかって「こうした方がいいんじゃないの」ってフォローして，親の話も誰かが代わって聞いてくれて，一年間をなんとかやり終えてる。じゃあ，その人は，いつ自分の失敗に気づくのかなって，思う。

■　教師の失敗，子どものつまずき

⑳　でもね，失敗できない状況にあるので，かわいそうだね。
⑪　これって，*教師に失敗させられないという状況が，子どもにも失敗させないという状況につながっているように思えるんです。*
⑳　失敗できない。怪我もできない。でも，命にかかわるような怪我や一生引きずるような怪我以外は，本当はした方がいいんだよね。

　今，ユニバーサルデザイン化というのが流行っているけど，*みんながこれでいけるってものを用意しすぎて，ここをがんばってくぐらないといけないというものがなくなっていく恐れがある*と思うんだ。
⑪　いろいろな考え方があると思うけど，つまずきのある子を支援していれば，そ

れでいいのか。

　例えば，実物投影機を全教室に配置したとき，画像を見ていれば子どもは分かるので，教師の話を聞かなくてもいい。教師の指示がめちゃくちゃでも通ってしまう。そのときに学習内容が分かってさえいれば，話聞かなくても見ていたらいいんだってことになる。でもそれって，その子の力を伸ばしてはいない。
　つまり，学びやすさと教えやすさは保障しても，個を育ててはいない。だから，それに気づかないと，危ないんじゃないのかな。*社会と隔離して，学校だけ優しくしても，そんな風にユニバーサルデザイン化しても，よくないんじゃないか。*
　とりあえず段差のないのがいいんだよ。つまずきがない方がいいんだよって言うけど，はたしてつまずかない方がいいのかどうかは，どのように生きることが良いのかという質の問題になってくるんじゃないかなと思う。*初めから，つまずきをなくしさえすればそれでいいんだという発想は，子どもたちに将来の幸せを保障してないでしょう。*

㊆　全員が，何もかもちゃんとできないといけないっていう発想が，良くないんじゃないかな。具合の悪いことがあって，そこをどうクリアしていくかを考えないと，先がないよね。*学校でしか通用しないやり方でいいのかと思う。教育って，将来につながることをしていかないといけないんだと思うんだ。*

■　仲間の心に火を点ける

㊆　僕ね，官製の研究会の方がセミナーよりもやりがいがあるんだ，最近。(⑪へーえ) セミナーって，一応希望してきている。やる気のある人ばかりが集まるわけでしょ。でも，官製の研究会や校内研では，行けと言われて仕方なく来た人，数合わせの人とか，学校でするから座ってるだけというような目の死んだ人たちがいるわけ。この人たちに話をして火を点けるというのが，すごい快感になる。快感としてたまらない（笑）。
　「なんや，だれ，これ？」みたいな顔で座っていた人たちの目が真剣になって，最後は，やる気に変わっていくんですよ。これって快感ですよ。その人たちも昔は燃えていたんですよ，きっと。でも，何かどこかで死んでいってたんだろうけれど，僕の講座でもう一度火を点けることができるわけです。その仕事の方が重要かなって。身入りはほとんどないんだけどね。

⑪　それ，この前，赤坂さん（注：赤坂真二先生。上越教育大学准教授）が同じことを言ってましたよ。「地域の学校にこそ，お金は少なくても，僕は行きたいなあ」って。ああ，僕も，そう思うなあって。

⑪　校内研って，影響力ありますよね。うちのサークルの研修会を主催したとき，うちで学んだ人が，その自分のクラスで実践するのもうれしいんだけど，学校に帰って他の先生たちにも広げてくれるのがうれしい。

　サークルの若い先生には，若いうちは，「サークルに来ませんか」って職場の先輩に声をかける必要はないって言ってるんです。失礼だと。でも，35歳を越えたときに，自分の学校で，若い先生に「山田さんとこに行ってみないか」と声をかけて，一人でも来てくれたら，その人は君が学校でいい仕事していることの証拠なんだよ。35越えたら，自分の学校で少しずつ話していけるといいんだよって。

　初めてサークルに自分の学校の先生が一人来てくれたのが9年目のときで，そのとき，ああ，俺もこの学校で認められてるんだなあって，すごくうれしかったんです。

　「サークルで自己実現していくことがメインではなく，自分の勤務校で自己実現しなければならない。サークルで学んだことを現場でどう広げていけるかということが，そっちがメインだよ。現場で信頼を勝ち取ったら，その人たちがこちらに来てくれるんだよ」 そう言うんです。

■　**自分の学校でこそ**

㊸　地元でセミナーを開いていても，自分の学校の人が一人も来ないなんていうのは，そういうのは僕は，ダメなんだと思う。いくら偉そうなことを言っても，自分の学校で認められていないってことなんだからね。

⑪　初めて僕の学校の先生が自分の研究会に来てくれた時，すっごくうれしくて，「あなたが来てくれたことは，僕自身が，生きてて良かったと思うぐらいにうれしいことなんだよ」って，その先生に言ったぐらいに，うれしいことだったんです。

　*いろんなカリスマとか有名な実践家とかがいても，自分の学校で影響力がないとすれば，その人は，どんなに優れたことを言ってても，どうなんだろうかって思う。*周りの人がその人から学んでいないとすれば，大丈夫かなあって。

㊸　その人の観点からだけすばらしいクラスをつくってもダメ。結局，周りがどう見るかだよね。嘘がつけないもんね，自分の学校では。見たら終わりだし。

⑪　見りゃ，分かるし。

㊸　「あいつのクラス，あんなこと言ってるけど，実はこんなんやで」って言われたら，終わりだよね。観点が違うと子どもの見方も変わるから，一概には言えないんだけど，**実践家を自負する人は，その学校の先生が真似したいと思うかどう**

かだね。
⑪　全員じゃなくても，いいんですよね。何人かでいいから，周囲の先生が教えてくれって言ってくるかどうかですね。

㊥　僕はね，失敗の多い人だったから，失敗をずっとし続けてきたから，だから，語れるというところがあるんだと思ってる。
⑪　そこは，僕も同じですね。
㊥　だから，若い人に成功談ばかり語られると，「ウソばっかり。あり得ないやろ，そんなこと」って思っちゃうんだ。
　　僕は，今僕が持っても全員が育つなんてことはないと思っている。でも，9割はいくかもしれないとも，思っている。
⑪　エピソード本（注：2013年に明治図書から刊行された『エピソードで語る教師力の極意』のシリーズ）が出たときに，ある若い先生が感想を言ってくれたんです。「失敗の書いてある本は読みやすい。読みたい。成功した結果だけ書いてあるのは，あまり意味がない感じがする」って。
　　そりゃそうだよなあ。成功した結果だけ書かれたって，なんの役にもたたないですよね。「だから何？」って。
㊥　「俺には関係ないよ」って（笑）。

___対談インタビューを終えて___ 🖉

　山田さんとの対談では，僕がたくさん語ってしまいました。山田さんの聞き方がとても上手だと言うことですね。そして，二人で話していると，けっこうアカデミックな話に入っていってしまいました。これは，深めるという意味でおもしろいものでした。

　山田さんの言葉の使い方は的確で，明晰さと学問がちらちらと顔を見せるのです。山田さんと話していると，僕の中で曖昧だったことが，すっきりとした言葉で整理されていくのが分かりました。言葉は，努力からしか生まれないものです。相当な勉強が山田さんのバックにあることを感じさせられました。

　あらかじめ質問項目を用意していたのに，それにこだわることなく，結局，流れにのって〔そっちの方がおもしろいから〕そのまま話を続けていきました。

　今，学級崩壊しかけて苦しんでいる人たちには，山田さんの失敗の話は，大きな示唆になると思います。砂をかむような苦しい思いを通り越して，今の山田さんがある，これは本物ですね。

　「失敗は，失敗させるべき」って，すごい言葉です。みんな，失敗を失敗にならないように必死になっているんだけど，そこでは，開き直れません。もっと言うと，リフレーミング〔再構築〕するためには，一度ぶっこわされないといけないってことなんです。「自分のダメさを認めることのできた教師」が，プロとして一流へ向かっていくんだろうなあと思いました。

　テープ起こしに一番時間がかかったのは，途中から山田さんの言葉に聴き入ってしまって，そこで考えて反芻してしまったからです。

対談的インタビューから分かる「プロ中のプロ教師」論

この先生たちは，楽しそうだ。
子どものことが大好きだ。

　三人の先生方に対談的インタビューをしたことは，僕にとって，大きな収穫でした。対談した後のテープ起こしをしながら，何度も何度も繰り返し三人の先生方の言葉を聞き直しました。普段会話していることと，特別変わったわけではないのですが，曖昧に通り過ぎていたことを，きちんと立ち止まって聞き取ることになりました。

　三人とも，酒席での対談ということになりましたが，リラックスして，まさしく語り合いながらの時間でした。活字になったところは一部であって，もっと長いすごい対談記録が僕の手元にあります。宝物になりましたね。

　三人に共通して感じることは，今していることに自信を持っているということです。タイプは全く違うので，表現の仕方は同じではないですが，言葉の端端に自信と信念が感じられました。

　それは，自分の学級なら絶対に大丈夫だ，というような傲慢な自信ではありません。この三人の先生方からは，傲慢さは全く感じられませんでした。

「このやり方ならば，子どもたちはこうなってきた。」
という成果に基づいた自信なのですね。

　それから，楽しそうだということです。求道者のような教育実践家ではなくて，自分が楽しいことをしているという感覚が伝わってきます。
　これは実は，プロとしては，とても大事なことなんですね。楽しんでいるということは，子どもに対して
「俺は，こんなにがんばってしてやっているんだぞ。」
といった気負いや傲慢さがないということです。
「楽しませてもらってます。」
というような感覚があるのです。
　これは，長続きしていく元となるのですね。

　そして，よく勉強しているということです。それぞれの学んでいるところは違いますが，だからこそ，おもしろいのです。学びながらも，自分の道を確実に歩んでいるということです。

```
・自信と信念
・楽しさ
・自分の学び
```

　この３点が共通点のように思えました。
　これからプロ中のプロを目指される先生方に，ぜひこのあたりのことを大切に考えていってほしいと思いました。

　それにしても，楽しい対談でした。

第３章　「プロ中のプロ教師」への道　157

◆ おわりに

　若いころから，僕は，プロ教師だという自負の強い教師でした。
　「自分はプロだからこそ，こうしている」と言えることを常に持っている教師でした。だから，先輩からは，「偉そうなことを言うな」と，よく叱られました。足も引っ張られました。それでも，プロ教師だと言うプライドがあったからこそ，やってこられたのだと思っています。
　でも，それらをこういう形で本にまとめてみると，けっこう当たり前のことが並んだのには，驚きました。
　つまり，「大したことないんだな，プロって。当たり前のことが当たり前にできることなんだよな」ということを再確認したようなものでした。
　全ての先生は，プロ教師です。どうかその思いを持って，日々，子どもたちと歩んでいただきたいと願います。

　後半の，プロ中のプロ教師三人との対談は，僕がやってみたいと明治図書の編集者杉浦美南さんにお願いしたら，「いいね」と，一緒にのってくださって実現しました。
　僕がこの対談から学んだエキスをどれだけ皆さんにお伝えできたか分かりませんが，若い先生方だけではなく，ベテランの先生方にも，いろいろなメッセージがこめられたのではないかと思っています。
　杉浦さんに感謝いたします。
　この本には，岡田崇先生のことをたくさん書かせていただきました。岡田先生がいらっしゃったからこそ，今の自分の教育があります。岡田先生の珠玉の「おもしろい」実践や言葉の数々は，きっと多くの先生方の心に残っていくと信じています。

多賀　一郎

◆ 参考文献

『こころの教育―四章』伊藤隆二，日本評論社，1992年
『学校崩壊』河上亮一，草思社，1999年
『心の教育』沖原豊，学陽書房，1986年
『メタ認知　認知についての知識』ALブラウン，サイエンス社，1984年
『やる気と自学を育てる教育』平井信義，明治図書，1988年
『どの子も伸びる3　家庭篇』岸本裕史，部落問題研究所，1982年
『きびしい道へいけ』周郷博　編，国土社，1970年
『どの子も見える魔法のめがね』西条昭男，清風堂書店出版部，1994年
『しつける　生きる基本を身につけさせる本』伊藤友宣，金子書房，1993年
『わかる授業　わからせる授業』重松鷹泰，明治図書，1970年
『子どもを信頼しよう』スホムリンスキー，新読書社，1974年
『子どもの宇宙』河合隼夫，岩波新書，1987年
『私の声はあなたとともに　ミルトン・エリクソンのいやしのストーリー』
　シドニー・ローゼン　編，二瓶社，1996年
『生き方の人間教育を　自己実現の力を育む』梶田叡一，金子書房，1993年
『第二創世記と人間』佐守信男，講談社，1979年
『発達をとらえた児童理解とその指導　1・2年』
　尾崎勝・西君子　編著，教育出版，1991年

僕の本棚にあるこの本たちは，時には僕の疑問に答え，
時には知らぬ間に僕の思索の糧となりして，
僕がプロ教師となるための
血肉となってきたように思います。

【著者紹介】

多賀　一郎（たが　いちろう）

神戸大学附属住吉小学校を経て私立小学校に長年勤務。現在，追手門学院小学校講師。専門は国語教育。

親塾など，保護者教育に力を注いでいる。また，教師塾やセミナー等で，教師が育つ手助けをしている。

絵本を通して心を育てることもライフワークとして，各地で絵本を読む活動もしている。

著書：『子どもの心をゆさぶる多賀一郎の国語の授業の作り方』『全員を聞く子どもにする教室の作り方』『今どきの子どもはこう受け止めるんやで！』（以上黎明書房），『小学校国語科授業アシスト　これであなたもマイスター！国語発問づくり10のルール』『はじめての学級担任4　1から学べる！成功する授業づくり』『ヒドゥンカリキュラム入門―学級崩壊を防ぐ見えない教育力―』（以上明治図書）

共著：『教師のための携帯ブックス⑪　教室で家庭でめっちゃ楽しく学べる国語のネタ63』『教室からの声を聞け』（以上黎明書房），「THE 教師力」シリーズ『THE 教師力』（明治図書）

イラスト　木村美穂

学級づくり・授業づくりがうまくいく！
プロ教師だけが知っている50の秘訣

2014年6月初版第1刷刊	©著者	多　賀　一　郎
	発行者	藤　原　久　雄
	発行所	明治図書出版株式会社

http://www.meijitosho.co.jp
（企画・校正）杉浦　美南
〒114-0023　東京都北区滝野川7-46-1
振替00160-5-151318　電話03(5907)6703
ご注文窓口　電話03(5907)6668

＊検印省略　　組版所　広研印刷株式会社

本書の無断コピーは，著作権・出版権にふれます。ご注意ください。

Printed in Japan　　ISBN978-4-18-133026-2